智慧城市系统设计中的信息资源整合研究

孙芊芊 昝廷全 ◎ 著

中国传媒大学出版社
·北京·

图书在版编目(CIP)数据

智慧城市系统设计中的信息资源整合研究 / 孙芊芊,昝廷全著. -- 北京:中国传媒大学出版社, 2021.12

ISBN 978-7-5657-3088-7

Ⅰ. ①智… Ⅱ. ①孙… ②昝… Ⅲ. ①现代化城市—城市建设—信息资源—整合—研究—中国 Ⅳ. ①F299.2

中国版本图书馆 CIP 数据核字(2021)第 225794 号

智慧城市系统设计中的信息资源整合研究

ZHIHUI CHENGSHI XITONG SHEJI ZHONGDE XINXI ZIYUAN ZHENGHE YANJIU

著　　者　孙芊芊　昝廷全
策划编辑　阳金洲
责任编辑　高卓毓
责任印制　阳金洲
封面设计　拓美设计

出版发行　中国传媒大学出版社
社　　址　北京市朝阳区定福庄东街 1 号　　邮　　编　100024
电　　话　86-10-65450528　65450532　　传　　真　65779405
网　　址　http://cucp.cuc.edu.cn
经　　销　全国新华书店

印　　刷　唐山玺诚印务有限公司
开　　本　710mm×1000mm　1/16
印　　张　黑白 13.5　彩色 0.5
字　　数　200 千字
版　　次　2021 年 12 月第 1 版
印　　次　2021 年 12 月第 1 次印刷

书　　号　ISBN 978-7-5657-3088-7/F·3088　　定　　价　59.00 元

本社法律顾问:北京李伟斌律师事务所　郭建平

序

昝廷全

党的十四届五中全会审议通过的《中共中央关于制定十四五期间我国经济社会发展规划和二〇三五年远景目标的建议》把“坚持系统观念”作为我国十四五期间经济社会发展的五个原则之一,我们有一种“终于等到了”的感觉。从 20 世纪 80 年代开始,我们一直致力于将系统科学和经济学相结合的交叉科学探索,并将这种探索性新研究称为系统经济学。到目前为止,系统经济学哲理框架的搭建工作已经基本完成,得到了 200 多个具有数学形式的新结论,开拓了与国际上已有定评的工作具有可比性的 10 个研究专题:社会系统的星园模型、系统需求理论、系统生产理论、系统产权理论、经济系统的自组织理论、价格形成的信息粗传递理论、资源位理论、特征尺度理论、制度的拓扑理论和基于信息粗传递的博弈论研究,开发了以临界战略、层级战略和系统管理模式为核心内容的多种应用理法。智慧城市建设是一项复杂的信息系统工程,其前提是系统设计,关键是信息资源整合。

从城市的起源上来讲,城市是人类社会发展到一定阶段的历史性产物。因此,不同的历史时期具有不同的城市形态。互联网、大数据、物联网和人工智能的出现与飞速发展催生了智慧城市这种新型的城市形态。

从智慧城市的发展历程来看,智慧城市最早可以追溯到新加坡1992年首次提出“智慧岛”计划。21世纪初期,美国、韩国、日本等国均启动了智慧城市方面的探索。随后,欧盟、韩国、美国及日本等多个国家和地区纷纷开始启动智慧城市的规划设计,试图运用新一代信息技术来重新审视城市的本质、城市发展目标的定位、城市功能的培育、城市结构的调整、城市形象与特色等一系列现代城市发展中的核心问题。智慧城市是城市发展的必然趋势。从最一般的意义上讲,智慧城市就是人为构建的模拟现实城市的一个人工系统。简单地讲,智慧城市是相对于现实城市的一个模型。当然,这个模型与现实城市必须具有某种同一性。或者说,智慧城市是现实城市保持某种同一性的转化。因此,智慧城市建设包含四个基本要素:现实城市、信息采集与转化、信息同一性和信息系统模型(智慧城市系统)。不同的信息转化和不同的信息同一性会导致现实城市和智慧城市之间不同的信息模拟关系,相当于与同一现实城市对应的不同智慧城市。从智慧城市建设的现实意义上讲,智慧城市必须是对现实城市的充分可观控模拟,以便于对现实城市进行观控、管理、运筹与优化。因此,在智慧城市的建设中,信息的采集、传输、储存与处理始终是重要的基础和关键问题之一,由此客观决定了物联网、云计算与人工智能等是智慧城市建设的基础设施。从理论上讲,每一种模拟都对应一种不同的智慧城市建设方案。智慧城市与现实城市的同一性要求从客观上决定了每一个城市的智慧城市都是独特的,不能简单地将一个城市的智慧城市照搬给任何其他城市。根据上述观点,智慧城市系统设计的第一步就是充分了解、认识和准确描述为之建立智慧城市系统的现实城市(或称为原型城市)。

智慧城市建设使得城市发展与治理的基本论域从“现实城市”扩展为“现实城市+智慧城市(虚拟城市或数字城市)”。在这一扩展的论域上,可以更方便地求得城市发展的最优解,某些本来无解的问题可以变得有解、甚至有最优解。正是从这个意义上讲,智慧城市既是城市治理现代化的重要手段与工具,更是未来城市本身的模样。

目录

CONTENTS

1 前言

1 绪论
1 第一节 智慧城市的系统定义
3 第二节 智慧城市的系统经济学本质
4 第三节 智慧城市建设中的信息资源整合问题
8 第四节 研究意义

11 第一章 智慧城市的发展情况与相关文献综述
11 第一节 信息技术与城市发展
22 第二节 国内外智慧城市发展情况
44 第三节 信息资源整合相关研究进展

54 第二章 智慧城市信息资源整合的理论分析与数学模型
54 第一节 智慧城市信息资源整合的机制与类型
60 第二节 智慧城市信息资源整合的局整关系数学模型
62 第三节 智慧城市信息资源整合的因果关系数学模型
64 第四节 智慧城市信息资源整合的生克关系数学模型
67 第五节 智慧城市信息资源整合的综合模拟模型

70 第三章 智慧城市系统设计
70 第一节 智慧城市的基本架构
79 第二节 智慧城市系统设计概述
86 第三节 智慧城市系统设计基本思想与实现路径
102 第四节 智慧城市系统的信息整合传播

107 **第四章　智慧城市系统设计中的信息资源整合分析**
108 第一节　智慧城市层级子系统中的信息资源整合分析
117 第二节　智慧城市区块子系统中的信息资源整合分析
128 第三节　智慧城市应用子系统中的信息资源整合分析
141 第四节　智慧城市循环子系统中的信息资源整合分析
152 第五节　智慧城市运行管理体系中的信息资源整合分析

166 **第五章　智慧城市系统设计中的信息资源整合对策与建议**
166 第一节　智慧城市层级子系统中的信息资源整合对策
168 第二节　智慧城市区块子系统中的信息资源整合对策
170 第三节　智慧城市应用子系统中的信息资源整合对策
172 第四节　智慧城市循环子系统中的信息资源整合对策
173 第五节　智慧城市运行管理体系中的信息资源整合对策
176 第六节　智慧城市系统设计中的信息资源整合能力评估

178 **第六章　结论与展望**
178 第一节　主要内容总结
182 第二节　主要结论
183 第三节　后疫情时代智慧城市建设的展望

189 **参考文献**

200 **附　录**
200 附录1　智慧城市相关政策文件
204 附录2　住房和城乡建设部公布的国家智慧城市试点名单
207 附录3　信息资源目录

前 言

城市的出现和发展与交通通信技术的发展密不可分。互联网、物联网、大数据与人工智能等技术的飞速发展催生了智慧城市。所谓智慧城市,就是现实城市的一个信息模拟系统。智慧城市的核心主要包括信息的采集、传输、存储与处理。从这个意义上讲,智慧城市是一个典型的系统经济学问题。智慧城市的建设是一个信息系统工程,信息资源整合是其中最为关键和突出的问题。目前,我国智慧城市建设中出现信息浪费多、信息鸿沟大、信息共享难等信息孤岛问题,解决这些问题的根本在于对智慧城市建设中信息资源整合机制模型进行深入研究和探索。理论的成熟是行动的坚定保证。许多智慧城市问题的出现从本质上讲是由于设计者对于智慧城市理论研究不够深入。

本书从系统经济学视角,给出了智慧城市的系统定义,较为详细地探讨了信息技术的发展与城市发展之间的关系,认为智慧城市不仅是城市治理现代化的重要手段与载体,而且是城市发展的最新阶段,更是城市治理现代化的重要组成部分。本书在深入探讨智慧城市系统经济学本质的基础上,从系统经济学和传播学等理论视角出发提出了智慧城市信息资源整合的局整关系模型、因果关系模型、生克关系模型和综合模拟模型。

其中,局整关系模型是最基础的信息资源整合模型,该模型揭示了信息资源整合产生“整体大于部分之和”的具体机制和条件。因果关系模型兼顾不同信息之间的整合、虚拟与现实的整合。生克关系模型解决了智慧城市建设中不同目标存在矛盾和冲突的问题。综合模拟模型包括模块模拟、结构模拟和观控模拟三个层次。这四个数学模型共同为智慧城市系统设计和智慧城市建设提供坚实的理论基础。

同时,本书也给出了智慧城市系统设计的基本思路与路径,提出了智慧城市系统设计的“七步法”数学模型,进一步提出了智慧城市的基本架构:基础模块和应用模块。基础模块包括基础设施体系和运行管理体系;应用模块包括公共服务体系、数据融合体系和整体优化体系。在四大基本数学模型与智慧城市基本架构的基础上,本书又提出了“系统树”模型。作为智慧城市建设的核心系统,“系统树”模型包括区块子系统、层级子系统、应用子系统及循环子系统四大子系统。从系统经济学视角出发,可以将“系统树”模型的四大子系统与智慧城市的基本模块进行对应,其中层级子系统是信息资源整合的基本架构,主要指导城市基础设施的智慧化即数据分层处理的智能化;区块子系统可以将整体大数据库中的信息分为区块收集,也能够将每一层级的数据信息分为区块处理,从而更好地指导信息采集、信息融合与信息共享;应用子系统从“系统树”的理念出发,主要作用于公共服务体系,指导如何将信息整合应用于提高人的生活质量;循环子系统通过信息整合的双向反馈和可持续发展,为优化系统设计与智慧城市建设提供依据。在此基础上,本书进一步探讨在“系统树”模型统筹指导下,层级子系统、区块子系统、应用子系统、循环子系统以及运行管理体系这五个模块中的信息资源整合问题。最后,根据上述研究的理论成果,本书提出智慧城市系统设计中的信息资源整合对策与建议。

绪 论

第一节 智慧城市的系统定义

城市是人类社会发展到一定历史阶段的产物。城市的历史最早可以追溯到古希腊的罗马城邦,真正现代意义上的城市可以追溯到近代以来欧洲各国的城市。随着信息技术的不断发展,在城市信息化应用水平得到快速提升的同时,人口膨胀、交通拥挤、住房困难、环境恶化等“城市病”日益严重。为了解决城市发展面临的“城市病”难题,智慧城市这个概念应运而生。智慧城市是用人为构建的人工系统或虚拟系统去模拟现实的城市系统,通过这个人工模拟系统加上现实的城市系统,即“智慧城市 + 现实城市”,提高对于现实城市系统的观测、控制与运筹水平。因此,智慧城市的出现是城市发展历史上的一次重大跃迁,对整个人类社会的发展具有重要作用。

从全球视角来看,一个国家的经济发展水平和社会文明程度主要是通过科技发展水平、居住环境以及城市经济社会发展状况等要素判断的。伴随着全球城市化进程的不断加快,城市发展开始暴露出各种各样的问题。城市管理者如何跨越城市发展的阻碍,打破城市发展的困境,是一个历史性问题,也是一个现实性问题。在我国,随着城市化进程的加快,大中型城市在发展过程中承担的压力与日俱增,显现出的各种问题已经成为城市发展的桎梏。

城市发展的每一次进步都是历经变革而取得的,只有创新发展模式,才能跨越当前城市发展的障碍。从历史上看,城市发展经历了农业、工业和信息时代三次变革,每次变革都推进了城市发展。这三次变革的本源都是科技进步所推动的发展理念革新。2008 年次贷危机爆发后,以云计算和物联网为代表的全新技术如火如荼地发展起来,这场技术革命将信息化社会推向了智能化社会。它使全球城市发展的历史性难题有了新的突破口,推动了现代化城市发展思想的进步,融合了这种思想的智慧城市理念成为解决城市发展难题的新途径。特别是 5G 技术催生的一系列产业融合、跨界拓展和生态重构,为智慧城市建设带来了新机遇。智慧城市建设已经到了大有可为、大有作为的黄金期。

利用人工智能系统去模拟城市系统可以有很多方案。智慧城市对于现实城市的模拟主要是一种信息模拟。简单地讲,智慧城市是相对于现实城市的一个信息系统模型,而且这个模型与现实城市具有某种信息同一性。或者说,智慧城市是现实城市保持某种信息同一性的转化。因此,智慧城市建设包含现实城市、信息采集与转化、信息同一性和信息系统模型(智慧城市系统)四个基本要素。不同的信息转化和不同的信息同一性会导致现实城市和智慧城市之间不同的信息模拟关系,相当于与同一现实城市对应的不同智慧城市。从现实意义上讲,智慧城市必须是对现实城市的充分可观控信息模拟,以便于对现实城市进行观控、管理、运筹与优化。从理论意义上讲,智慧城市和现实城市之间存在多种信息模拟关系,主要包括限定模拟、扩展模拟、投影模拟、赋形模拟、商化模拟、积化模拟、鸟瞰模拟、显微模拟、缩影模拟、扩形模拟、显模拟、隐模拟、元模拟、内模拟、外模拟、连续模拟、软模拟等。每一种模拟都对应一种智慧城市建设方案。智慧城市与现实城市的信息同一性要求从客观上决定了每一个城市的智慧城市都是独特的,不能简单地将一个城市的智慧城市照搬给其他城市。

第二节 智慧城市的系统经济学本质

智慧城市是现实城市的一个信息模拟系统,信息的采集、传输、储存、加工处理是智慧城市建设的关键环节。信息采集技术决定了智慧城市的应用范围,没有相应的信息采集技术做支撑,整个智慧城市建设就缺乏信息基础。推动智慧城市建设的决定性因素是互联网的出现,特别是物联网的出现。互联网的主要功能是信息传输,其最大特点是能够跨越时空。在空间方面,只要连上互联网,立刻实现"天堑变通途",利用拓扑学的语言来讲,即"沟通就是零距离"。在时间方面,互联网可以实现真正的"全天候"。互联网信息传播的这种跨越时空的特点,使得智慧城市可以实现 24 小时的便民服务。在智慧城市建设中,信息储存技术是一项基本技术,一般采用分布式储存。信息加工处理环节最为重要,主要采用人工智能技术。正是因为要采用人工智能技术,所以把对于现实城市的模拟系统称为智慧城市。所谓人工智能,就是用人工系统去模拟人的智能。这个人工系统可以是物质系统,也可以是符号系统,甚至可以是一个学说或思想体系。与智慧城市对应的人工系统是信息系统。因此,深化人工智能的理解对于智慧城市建设至关重要。

在智慧城市建设所涉及的信息采集、传输、存储、加工处理等关键环节中,存在着如何提高效率的现实问题。在整个智慧城市的建设过程中,也存在如何提高整体效率的问题。信息孤岛和重复建设等问题都是典型的经济效率问题,从本质上讲属于系统经济学问题。系统经济学的出发点和归宿点都是经济系统。经济系统是一种典型的人工系统，具有两个关键要素：一个是构成系统的要素（或称为模块），另一个是不同要素（或不同模块）之间的关系，这两个要素也是智慧城市系统设计的基本要素。同时，智慧城市也是一种典型的人工系统，系统经济学的许多研究内容和理论结论能够应用于智慧城市研究。不可否认的是，智慧城市作为一种人工系统，其核心是系统设计。因此，系统设计能够解决我国当前及将来在智慧城市建设与管理中面临的问题，其中信息资源整合和优化是最为关键的问题。系统设计代表的是一种系统思维和全局观念，追求理论规划和建设实践紧密结合，注重对设计对象的准确定位，突出强调优化设计结构，充分协调功能设计与资源整合，将复杂的系统进行逐步拆解和细分，然后再进行整体搭建。

在国家政策的鼓励引导和大力支持下，各地智慧城市建设方兴未艾，各级政府以及各社会参与方都在积极探索智慧城市建设的最佳路径。当然，也有部分城市依旧将智慧城市简单地理解为一系列“智慧应用”系统的机械化堆叠，从而加剧了信息孤岛问题，造成低水平重复建设。还有部分城市忽视人在智慧城市建设中的主体地位，过度强调技术的应用，造成城市的服务供给与市民需求相脱节。同时，由于对智慧城市系统设计把握不准确，加之社会各界对智慧城市的战略意图和内涵特征的理解存在偏差，智慧城市在实践过程中出现了不少问题，迫切需要我们以系统思维认真思考，并解决好智慧城市推进落地过程中的根本问题。

第三节　智慧城市建设中的信息资源整合问题

信息资源的整合是智慧城市建设的基础支撑。信息资源整合是城市内各关键系统和谐运转、高效协作的前提，是城市运行最优状态的保证，相当于智慧化的基础设施。从这个角度来分析，建设智慧城市必须把打破信息孤岛作为前提条件,打破部门利益藩篱和行业分割封闭的信息架构,实现信息资源的整合集成、统一管理、共享应用。

信息资源整合是智慧城市智慧能力的主要来源。智慧城市主要依赖于对城市海量数据进行的有效采集、传输、存储与处理。物联网在智慧城市中的应用,首先是高效获取各领域、各行业信息数据,通过视频、音频、激光、射频定位、报警、智能图像分析等感知技术,构建城市数据资源感知系统。其次是对收集到的数据进行高效传输,通过有线通信、无线通信网络,实现数据的互联互通,形成城市数据库和城市数据库群。最后是高效地存储、管理、分析和应用数据,通过数据的深度融合,实现数据的活化应用。由此可见,以数据为代表的信息资源整合是架构智慧城市互联网络的核心要素,是城市智慧的来源。因此,智慧城市的智慧能力不仅体现在资金投入、设备购置、技术应用等"硬资源"上,还体现在信息资源整合等"软资源"上。

信息资源整合是影响智慧城市建设目标实现的关键要素。智慧城市建设以监测实时化、管理精细化、服务个性化、应急快速化等为主要目标,通过云计算、物联网、移动互联网等技术的综合利用,全面感知获取整合各类信息资源,推动城市运行状态最优化。城市信息资源整合,有助于规范和促进政府信息资源共享,实现各类资源的优化配置和充分利用,促使城市管理方式由被动管理型向主动服务型转变。智慧城市由众多智慧单元和个体构成,各个系统只有相互连通、相互作用才能彰显智慧价值、整体价值。所以,只有信息资源高效整合,才能提高城市管理水平和服务水平,实现智慧城市的建设目标。

从城市发展进程来看,城市发展经历了数字城市、信息城市以及智慧城市三个阶段。在城市信息化发展过程中,开发、共享、利用信息资源是一项重要内容。我国数字城市建设成果斐然,对于城市基础信息的有效开发和利用极大补充了有关城市基础的信息资源,提高了信息资源利用效率,推动了城市信息化进程,促进了我国经济社会发展。但我国数字城市建设仍存在数字鸿沟、信息孤岛等重大问题。导致这些问题的原因主要有两个:第一,我国各部门各单位数据库、信息库各自独立,各部门依照自身需求建设和管理数据库,没有统一的管理标准,同一部门内部的不同系统间也存在信息共享障碍,这样就形成了数字鸿沟、信息孤岛。第二,在数字城市的建设过程中,各级部门并未对数字城市的建设和管理提出明确的定义和规章制度,也没有成功的案例可以参考,各主管人员对数字城市都有自己的构想,这就产生了新的数字鸿沟、信息孤岛。

辜胜阻(2013)认为,作为一项复杂的系统工程,智慧城市需要政府发挥总体规划和指导的作用。政府应合理配置人才、资金等各项资源,提高各项资源的利用效率,总体规划各地智慧城市的建设。由于种种因素的限制,各级政府对于智慧城市的建设仍存在着规划不足、轻视研发、过度重视项目硬件建设等问题,导致信息孤岛问题持续存在且日益严重。朱晓峰(2016)认为,忽视及时有效地整合信息资源是产生信息孤岛的根源。我们必须清楚城市中的信息资源有哪些类别,相互之间是如何作用影响的,从采集到传输这一系列过程是如何设计和规划的。当前,我国的智慧城市总体规划多注重系统的应用,关注如何建立一个总控中心管理各个分支系统,应该挑选哪些系统等问题;尚未关注如何高效收集、分析、整合各类信息,信息孤岛问题的根本矛盾难以得到有效解决。智慧城市建设是基于跨部门、跨领域的数据共享,利用软件支撑,实现城市运行、管理和服务的智能化的。"智慧"从"数据"中来,数据是智慧城市建设的核心所在、关键所在。打破信息孤岛,实现数据开放共享,对于智慧城市建设尤为紧迫和重要。

尽管当前许多地方把智慧城市规划设计或信息化建设总体规划作为智慧城市建设的先决条件,但更多是站在应用的角度去规划设计,将着力点放在了应用系统的建立和集成上,没有真正从破解信息孤岛出发,忽视了信息资源整合的重要性。智慧城市是以大数据为中心的智能服务生态，以大数据等信息技术为基础的数据驱动是智慧城市建设的核心引擎，有利于消除信息孤岛、打破数据瓶颈、强化信息资源整合、实现数据汇聚共享，推动各部门、各领域间的资源共享与业务协同。

近年来，党中央、国务院、各部委及地方政府相继出台了一系列政策文件，逐步构建了我国政府信息资源整合政策体系，这些都是我国智慧城市建设的基础性文件。党中央、国务院在《中共中央关于制定国民经济和社会发展第十三个五年规划的建议》《国家“十三五”时期文化发展改革规划纲要》《国家信息化发展战略纲要》《“十三五”国家信息化规划》等国家层面的信息化战略中，明确提出“实施国家大数据战略，推进数据资源整合共享”。国务院印发的《促进大数据发展行动纲要》作为大数据发展的纲领性文件，也强调“加快政府数据开放共享，推动资源整合，提升治理能力”。为响应《促进大数据发展行动纲要》要求，国务院办公厅发布的《政务信息资源共享管理暂行办法》和《政务信息系统整合共享实施方案》明确了政务信息资源共享的基本原则、总体目标、重点任务，解决主要问题的思路、举措和管理机制，国家发改委、中央网信办联合发布的《政务信息资源目录编制指南（试行）》明确了目录编制工作内容和编制要求，为政务信息资源目录的编制提供规范和指导。国家发改委、交通部、国家卫健委等部门在“互联网 + 政务服务”、交通、医疗等领域出台政策，指导行业领域大数据发展。工信部印发的《大数据产业发展规划（2016—2020 年）》指出，要完善相关制度，推动信息资源整合与信息开放共享。同时，各级地方政府也积极落实党中央、国务院大数据战略和部委行业指导意见，出台一系列数据整合共享政策法规，信息资源整合在智慧城市建设中的核心作用日渐凸显。

综上所述，本书认为信息资源整合是加强智慧城市系统设计、破解“城市病”的基础支撑，信息孤岛是智慧城市建设中最迫切需要解决的突出问题和关键难题;必须将以人为本的"大系统"理念作为打破信息孤岛、加强信息资源整合的方向指引,优化信息资源配置,促进信息资源共享,提升信息资源的利用效率,从根本上打破部门间、行业间、领域间、系统间的信息孤岛,切实增强市民对智慧城市建设的认可度和归属感。基于此,本书对智慧城市建设进行系统设计,并深入探讨智慧城市建设过程中的信息资源整合问题。

第四节　研究意义

一、理论意义

本书以问题为导向,从学科交叉的视野出发建立智慧城市系统设计中的信息整合研究体系,并强调信息资源整合——尤其是以系统经济学为核心的信息资源整合——在智慧城市系统设计中的重要性。当前,各个学科关于智慧城市的研究成果颇为丰硕,但以信息资源整合为本位的研究尚属少数。考察信息资源整合在智慧城市系统设计中的作用,既为信息社会的发展提供实践依据,又为智慧城市的设计提供理论基础。

另外,要探寻智慧城市系统设计的最优方案,必须先了解和把握当前智慧城市系统设计所存在的问题。因此,本书在历史梳理、理论总结和经验研究的基础上,建构旨在弥补当下智慧城市系统设计缺陷的信息资源整合理论与方案。

从具体操作层面来看,本书较为详细地分析了智慧城市系统设计中信息资源整合的机制与类型,提出了信息资源整合的四大数学模型:局整关系模型、因果关系模型、生克关系模型和综合模拟模型,还提出了智慧城市系统设计的"系统树"模型,在此基础上揭示了智慧城市系统设计中信息资源整合的一般规律,为关于智慧城市信息资源整合的进一步研究奠定了理论基础。

二、现实意义

（一）为智慧城市建设提供决策参考

智慧城市建设是一项复杂的、长期的信息系统工程，做好系统设计是前提条件。本书以“系统时代，整合为王”作为出发点对我国智慧城市建设进行系统设计。智慧城市系统设计是站在全局的角度，综合运用系统经济学及传播学理论知识，以建设智慧城市为最终导向所进行的一项总体设计，包括智慧城市建设的方方面面，更加强调系统性、清晰化、可操作。对于智慧城市而言，系统设计是建设的前提与依据，并作为连接战略与实践的纽带，在智慧城市的建设中发挥至关重要的作用。

智慧城市系统设计方案的优化代表了一种现实的需要，而科学研究就是要满足各种时代的需要。本书在历史经验梳理、现实状况调查和理论分析的基础上，加强智慧城市系统设计的对策研究，其中包括对智慧城市中信息资源整合内涵的理解、智慧城市系统设计的目标和途径、信息资源整合的方式策略等，为智慧城市建设提供重要的决策参考。

（二）为信息资源整合提供解决方案

智慧城市是解决当前全球城市化进程中所面临难题的新途径，对我国整体经济社会发展具有重要的推动作用。然而，当前的信息资源开发和利用存在信息浪费多、信息鸿沟大、信息共享难等信息孤岛问题，这已经成为智慧城市建设必须跨越的壁垒，是城市信息化建设的巨大障碍。大数据时代背景下，传播方式的智能化难以从根本上解决智慧城市建设问题，碎片化的信息资源、不流通的信息资源、不共享的信息资源都可能成为智慧城市建设道路上的绊脚石。只有充分利用和整合相关信息资源，才能达到“整体大于部分之和”的效益。对政府来说,整合信息资源可以破除政府各部门之间、同部门不同体系之间以及政府与外界社会之间的信息共享障碍。对整个经济社会来说,整合信息资源能促进信息资源的高效利用,合理配置信息资源,提高经济社会发展效率。因此,本书提出的局整关系模型、因果关系模型、生克关系模型、综合模拟模型和“系统树”模型能够为信息资源的整合提供具有可操作性的思想启迪,促进智慧城市建设和经济社会发展。

第一章　智慧城市的发展情况与相关文献综述

第一节　信息技术与城市发展

一、信息技术的发展

(一)技术的演变历程

探讨信息技术的演变,先要梳理一下人类社会总体的技术演变历程。人们一般将技术的发展大致划分为三个阶段:手工技术阶段、工业技术阶段和信息技术阶段。

在手工技术时代,技术水平落后,人类与自然相抗衡的能力较弱,因此城市分布在很大程度上受到自然因素的约束,城市规模较小。

在工业技术时代,城镇化进程大大加快。由于蒸汽机的发明,机器逐渐代替人力,城市的发展开始突破自然因素的约束。城市规模急剧扩大,城市结构日益复杂,城市的组织形态发生了变化。

在信息技术时代,城市的组织形式以及城市规划学科自身发生巨大的变化,人类社会的沟通与交往途径变得越来越丰富,信息传递的速度越来越快,信息交流受到的环境制约越来越少,知识的生产呈现几何级数增长。通信技术的进步改变了信息流动的速度,促进了全球化进程。在全球重新大洗牌的背景下,中国等新兴经济国家的城市化迎来了发展的新契机。

(二)信息技术的发展阶段

信息技术的发展历程通常被分为五个阶段:

第一阶段是语言的出现和使用,发生于距今 35,000 年—50,000 年。语言具有了工具性,帮助人类进行交流,并成为信息传播的必要条件。有了语言,就有了“口供”的说法。在香港电影中经常听到这样的台词:“你在这里所说的每一句话,都将作为呈堂证供。”语言的出现使得人们更便于合作和资源整合。

第二个阶段是文字的出现和使用,大约发生于公元前 3500 年。文字使人类的信息保存、传播不受时间地点的限制。与语言时代的“口供”相对应,文字出现之后,就有了“白纸黑字”的说法。“白纸黑字”往往具有“准事实”的性质。

第三阶段是印刷术的发明和使用,大约发生于公元 1040 年。关于印刷术有两种说法:一种说法是,印刷术是从中国传入欧洲的,证据就是欧洲人 1451 年才开始使用印刷技术,要比中国晚了 400 多年;另一种说法是,欧洲的印刷术是独立发明的,原因是当时世界的连通性很差。不论如何,到了 15 世纪,世界才有了臻于完善的近代印刷术。印刷术的出现大大降低了印刷的成本、提高了印刷的效率,催生了书籍报刊的产业化,使书籍报刊成为重要的信息储存和传播的媒介。

第四阶段是电报、电话、广播、电视的发明和使用,大约发生在 19 世纪。此时,人类开始进入利用电磁波传播信息的时代。电报的发明使信息不仅可以和人相分离,而且可以跨越时空,从此信息成为一种商品。电话、广播和电视的发明使信息可以非常方便地进行跨时空传播，人们对于信息的获得越来越扁平化。

第五阶段是计算机与互联网的出现与使用，即 1946 年电子计算机的问世以及网际网络的出现。从此，信息传播进入一个崭新的时代。互联网信息传播具有不同于以往任何传播手段的全新特点，不仅可以跨越时空，而且具有海量信息、强连通（信息互动是强连通的具体表现形式之一）、去中心化等特点。正是由于互联网信息传播具备这些特点，报纸、杂志、广播、电视等媒体都变成了传统媒体。互联网以及建立在互联网之上的物联网成为智慧城市建设的重要基础设施。

（三）信息技术和城市发展之间的互动关系

1. 信息技术进步与城市基础设施升级

按照基础设施的形式，可以将城市发展分为三个时代：

第一是马力时代，产生了一个新的基础设施叫作"道路"。罗马城市发展成型，并且引进道路网络。在道路的基础上，城市中各项功能活动得以开展和继续；在城市发展的基础上，信息通过多种途径进行传播，带动信息技术的发展，语言、文字等使信息的保存和传播跨越了无道路设施时时间和空间的阻碍。

第二是电力时代，产生了一个新的基础设施叫作"电网"。在电力时代到来前，城市的繁荣水平仍然用马匹来衡量。高速发展的马力时代大量积累财富，激发人类的创造力，由此电磁力应用被发现，电灯泡被发明，电力时代到来。爱迪生发明了灯泡，但是他最大的贡献是在纽约创建了电网，电网基础设施的创建大大升级了原来马力时代的道路基础设施，电话、电报等电磁设备使信息传播超越时间和空间的阻碍。

第三是算力时代，即后电力时代，也就是现在我们所处的时代。快速发展的城市组织，不断成熟的电力应用，催生了升级的信息通信技术，例如5G技术、无线技术、云计算技术等。王坚(2017)认为，先建立道路才有了多种交通工具，先建立电网才有了多种通信工具，以此类推，先创建城市智能网络才能承载涵盖5G、工业互联网、物联网等领域的新型基础设施建设。“栖息在云端”的新技术更有用武之地，也将加速信息技术与实体经济深度融合，使我国产业的数字化、网络化、智能化转型步伐更加稳健。而这个新型的城市基础设施即“城市大脑”是依赖算法来运作的。

通过注册数量和道路上的行车习惯，“城市大脑”可以运用算法技术计算出某时段、某地段的实时车辆数量。节省道路通行时间、减少堵塞和事故的办法并局限于改变红绿灯法则和增修道路，也可以精确计算每一辆车的行驶习惯、道路周边情况、始终点的停靠情况等，在保证道路数量平稳、红绿灯数量合理的前提下，运用“城市大脑”算法对多方进行协调和优化，提高每辆车的行驶速度，减少公共资源浪费，提升道路使用效率。另外，土地资源、电力供应、垃圾处理、旅游住宿等都可以通过“城市大脑”的算法进行统筹协调和优化升级。

本书将城市演进的三个阶段总结成图1-1。

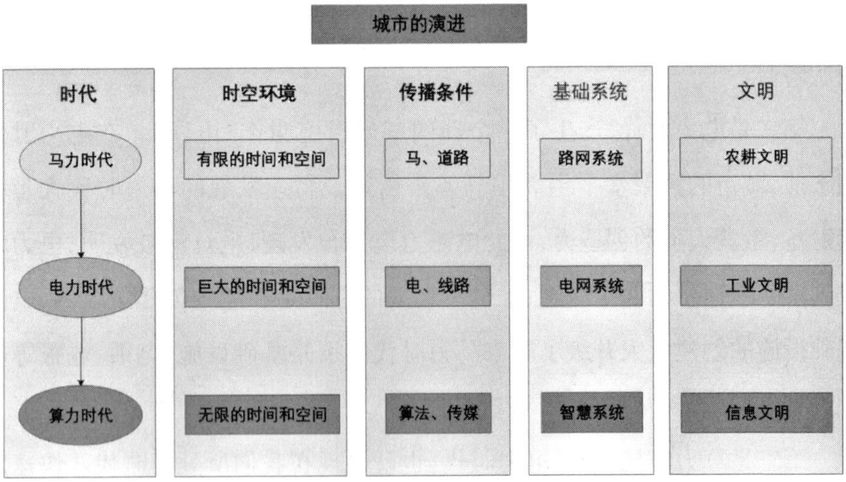

图1-1　城市的演进

2. 信息技术的成熟推动城市发展升级

当城市演进到算力时代后,自动化与信息化成为贯穿演进的主线,根据从初级算力到中级算力再到高级算力的等级,城市的信息化通常被分为三个阶段,分别是数字城市(Digital City)、无线城市(Wireless City)和最高阶的智慧城市(Smart City)。

在社会经济迅速发展的保障与推动下,以 2G 互联网为基础的数字城市诞生了。数字城市这个概念是美国副总统戈尔在 1998 年 1 月 21 日提出的,当时的概念名为“数字地球”。数字城市实质上是一个基于计算机网络和城市信息资源的开放、复杂和自适应的系统。它创建了一个信息服务市场和信息资源部署中心(Qi &Shaofu, 2001)。数字城市通过将信息电子化、数字化,初步实现社会各功能的协同。数字城市采用计算机、互联网、多媒体等相关技术,保障城市运行与发展的各方面功能。其实质是计算机、网络取代传统手工,最初动力与最终目的是提升社会生产效率。

但由于社会的发展,人们的思想意识层次不断提高,当人们的追求不仅仅停留在物质层面时,以提高生产力为目的而存在的数字城市已经不能满足人们的需求。人们开始注重精神层面的需求,比如交流与共享、更便捷的通信。这就要求城市拥有足够发达的网络随时随地为人们提供所需要的信息与服务。2004 年 7 月,美国费城首次提出“无线费城计划”,标志着算力时代的城市由数字城市开始向无线城市转变。如果说数字城市的诞生是一次技术革新,那么无线城市的出现则是一次技术改进。无线城市以数字城市的互联网为基础,引入移动网络与高速宽带,向公众提供随时随地可利用的高速网络,以便人们不受时间空间限制地获取信息。无线社会中高速网络的引入改变了人们的生活方式,也影响着社会关系(Hampto,2008)。截至 2011 年底,以美国华盛顿为代表,英国伦敦、加拿大安大略、中国香港等 1000 多个城市都在建或计划建设无线城市。无线城市的建设,使信息化更上一层楼,实现了高速全覆盖,提高了信息传播效率。

由此可见,人的需求是城市演进的原动力。对于物质与精神的追求,最终都会进化成以“人”为主体地位的需求。城市的演进,最终都会回归以人为本。2008 年 11 月,美国 IBM 公司提出了“智慧地球”的理念,引起了全人类社会的关注。智慧不等同于智能,“智能”一直是初期和中期的算力时代城市演进的方向与目标;而“智慧”是在智能化的基础上注入人的活力,强调人的参与,突出人的智慧。总结和对比以往的学者对于智慧城市的定义可以发现,“人民(People)”“公民(Citizen)”都是关键字眼,这体现了“人”对于智慧城市建设的重要性(Dameri,2013)。智慧城市不仅仅是 5G、物联网、云计算等新兴技术的应用,更是利用人工智能与大数据技术在智能化和人性化上的代差级进步,是一次真正的技术革命。这次革命的意义在于:科学技术不仅能满足人的需求,而且能从人的思想角度出发,为人的决策寻找最优化方案,真正做到以人为本的可持续发展。

从技术革新到技术革命,算力时代社会见证了科学技术的飞速进步。城市演进的先决条件归根结底是技术的进步。当科技进步到一定程度后,作为城市类别最高级的智慧城市理应自然出现(Anthopoulos,2015)。在信息化进程当中,从最初的电子化、网络化到最终的智慧化,技术对于数据与信息的处理方式与等级起到至关重要的作用。数字社会是数据信息处理的起步,通过数据的积累与传送实现信息的采集与传递,而当技术进步到能够对收集的数据进行筛选与处理时,信息传播效率才能被提高,同时,更多的数据资源才能被发掘,无线社会信息综合与覆盖才能产生。之后,人工智能出现并真正做到对数据进行集成分析。由此,信息整合等级才达到最高,并促进传播与决策。

综上所述,算力时代中的城市演进,经济发展是保障,技术进步是条件,人的需求是动力,终极目标与回归点是以人为本。

一些学者支持“技术决定论”。他们认为,技术变化对城市发展有着直接影响,因为技术变化会对经济发展产生影响,而经济发展又对城市发展造成影响。宋健(2009)的研究表明,技术变化对经济的循环有着决定性的影响,进而也会影响城市发展。布罗特奇等学者将技术变化的历史演进作为切入点,研究得出城市社会经济生活会受到技术水平和发展方式的影响这一结论。他们还认为,信息技术作为信息革命的核心,会对人们的生活方式、思想观念和经济水平等方面产生直接或间接的影响。

当然,纯粹的技术决定论肯定具有片面性。即使具备了发展智慧城市的技术,也还需要经济、政治和文化等的配合和支持。政府对于发展智慧城市的积极态度是我国智慧城市建设的重要推动力量。

算力时代的城市演进特征如图 1-2 所示。

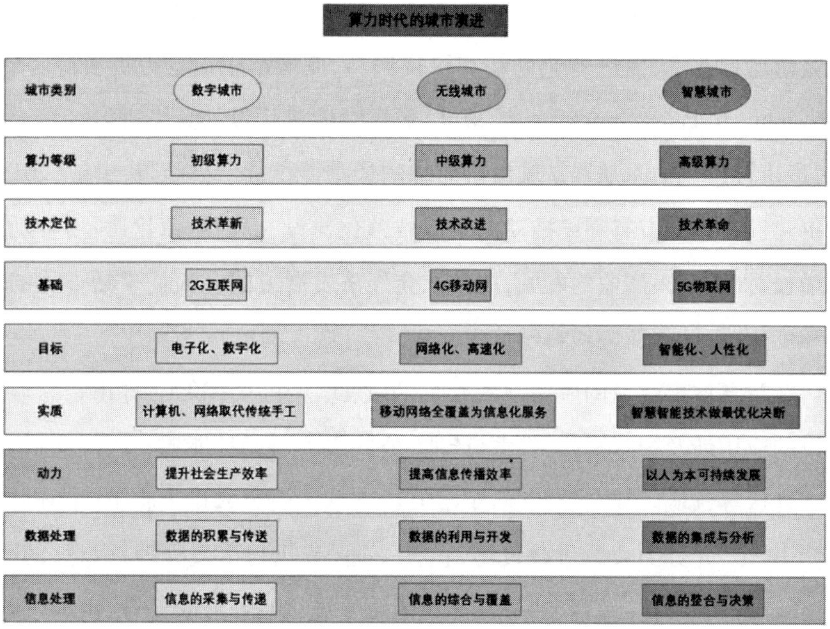

图 1-2　算力时代的城市演进

二、智慧城市是城市发展的新阶段

从世界城市发展的进程来看，智慧城市是城市发展的新阶段，主要体现在城市建设目标、意义和应用方面的变化。在智慧城市建设的目标方面，M. Batty 和 K. Xhausen 等(2012)对智慧城市的建设所要达到的目标进行研究，认为其未来要实现七个目标、将要面临六种挑战，并提出需要重点关注的七个研究领域。Gerhard Schmitt(2013)基于空间维度提出智慧城市的建设目标是建设可持续发展并且具有弹性的新型城市，并运用定性和定量的研究方法设计了未来城市的雏形。

在智慧城市建设的意义方面，Gregory. Yovan 和 George N. Hazapis(2009)提出智慧城市与整个社区的生产效率、增长速率和竞争力有一定关系。巫细波、杨再高(2010)分析了建设智慧城市给社会、人民带来的好处：可以提升城市运行效率，促进产业创新和科技创新，使城市生活变得更美好。Sam All winkle 和 Peter Cruickshank(2011)对智慧城市建设的意义进行了深入研究，指出智慧化的驱动器是城市所面临的最主要挑战。辜胜阻、王敏(2012)指出建设智慧城市有利于推动内涵型城镇化建设，提高城镇化质量，带动经济增长，促进新兴产业的发展，推动社会经济发展方式和人们生活方式的转变和优化；有助于新一代科学技术诞生，提升城市的核心竞争力。

在智慧城市建设的应用领域方面，吴胜武、闫国庆(2010)提出智慧城市建设的应用涉及智慧医疗、教育、产业、公共服务、物流、能源、安全、交通、政府和社区等领域。吴余龙、艾浩军(2011)在前人研究基础上将 10 个领域扩充为 14 个，并分为智慧市政设施，包括交通、节能与市政管理；智慧公共服务，包括政府、文化、教育和医疗；智慧产业发展，包括物流、企业、电商、旅游业；智慧社会管理，包括社区环保、公共和食品安全。钱志新(2011)更加具体地提出了智慧城市建设的十个重点领域。王操(2011)认为，智慧城市的保障措施应从整体设计、基建设施、前端服务的实施渠道以及开发、利用信息资源的相关规章等方面进行布局。岳梅樱(2012)提出了许多层面上关于智慧城市的建设项目样板与设计,并针对智慧教育、智慧医疗、智慧商务、智慧行政、智慧管理等进行了系统性概述。

Nicos Komninos(2008)指出,智慧城市是一个能不断创新与学习的地区,它的建设应基于所在居民的知识水平、创造力、通信技术和管理服务的数字化建设之上。N. Komninos 进一步指出智慧城市建设的实施,对现代社会总体产业的发展起着积极的推动作用,并且使得信息化产业、工业产业不断向上发展。因为智慧城市概念是由信息技术变革而引发的,信息技术是智慧城市从规划到实现的根本前提。所以,我国学者在研究智慧城市时都会先对信息技术变革或者新一代信息技术的出现进行挖掘。譬如,吴胜武和闫国庆(2010)认为,智慧城市建设需要运用的技术有很多,包括云计算与大数据、互联网、VR、遥感技术等。吴余龙和艾浩军(2011)认为,物联网、数据的融合与清洗、云计算、无标签识别等技术是智慧城市的核心技术。王世伟的《智慧城市辞典》(2012)对智慧技术进行了明确的定义和分类说明,认为智慧城市建设中用到的先进科技就是智慧技术,包括以下五个方面:一是泛在网,也就是覆盖全球的无线网、泛在计算、GPS、数据信息等;二是互联网,如光纤、宽带、百兆到户和城市其他信息基础设施;三是物联网,譬如定位系统、智能语音、感知计算、标准化动态数据平台等;四是云计算;五是信息安全,如防止网络诈骗与信息泄漏等。

辜胜阻和王敏(2012)认为智慧城市建设与普通城市建设也有共同之处,就是推动市场这个无形的手和政府调控这个有形的手相结合,推动金融和技术创新发展;完善法律法规和技术标准的相关规定;平衡信息基础设施的成本与信息共享的关系;以个别带动整体的发展模式进行。杨再高(2012)认为城市基础设施建设和人才技术培养能够推进智慧城市的建设;

加快构建新型物联网产业集群和社会管理的智慧化发展，能够让智慧城市发挥其带头及示范作用。

2010 年到 2012 年，曾有多位学者就智慧城市建设思路提出过不同的观点。Edward J. Jepson Jr. 和 Mary M. Edwards(2010)曾研究过智慧城市赖以生存的技术要素、建设方法、可持续发展的标准、绿色生态发展的定义以及技术要素和生态要素对城市可持续发展的重要性等。王操(2011)和毛艳华(2012)认为要在前期的设计理念到后期的资源开发过程中把服务的智慧化作为核心要素，以此推动智慧政府的建设和发展。有的学者还就智慧城市在管理方面的缺陷进行了研究，同时提出了以某些元素为基础的构建智慧城市治理模型的新方式。

当下，已经形成了智慧城市建设的两种典型方法：

第一种方法主要依托信息技术来管理城市，贯穿于城市发展的整个过程。从数字、智能再到智慧，每个阶段所依托的都是信息技术，而这种技术主要依靠的是以 IBM 公司为代表的信息技术企业的发展。这类企业能开发出操作性、关联性都较强的管理机制，在时空和各类要素上对城市进行便捷化的治理。它的核心要义是利用智慧化的信息集群和智慧化的操作系统，把城市发展中的弊病消除掉，让城市发展更加协调统一。在这种方法作用下，整个城市会形成一个以传感器为载体，万物互联、万物融通的数据分享平台，管理人员能随时随地了解城市各个要素的发展动态，从而更好地进行城市资源的分配，服务各类城市主体，让人们对美好生活的需要得到更好满足，让智慧城市通过硬件软件的结合更好地发展起来。当然，这种方法必须以信息技术对城市发展的积极作用为基础。

第二种方法是发展新兴城市的核心理念，它是由欧洲智慧城市研究组织提出的。这种方法与低碳、创新城市的发展思路一脉相承，通过构建各个环节、各个领域的“智慧”要素，形成互联互通体系，完成智慧城市建设的目的。这种方法以最新发展的信息技术为核心,通过信息技术的发展来催生各个领域的变革,最终推动新兴城市的形成和发展。其原理在于通过不断升级的信息技术来完善城市基础设施建设,并运用政府“有形的手”来推动生态、社会治理等方面的多层次应用,从而让城市建设的水平更高、能力更强。

这两种方法的区别在于,第一种方法更加注重运用信息技术的最新发展来推动城市建设,通过技术的广泛运用推动城市各要素的互联互通,彰显它的提出者——信息技术企业对于智慧城市发展的重要性。第二种方法以政府这个城市的治理者为核心,注重信息技术与城市参与者在生产、生活等方面的匹配度,通过不断发展的信息技术,来实现人才、环境等方面的进一步提升,实现满足更多人发展需求的目的。

关于智慧城市建设的风险,有不少学者提出过不同观点。邓贤锋(2011)认为信息产业、社会伦理、技术产业、数据安全等会受到冲击。李勇(2012)认为信息安全可能在其作用下得到不同程度的加强或者受到冲击。美国学者约翰·维特斯(John. Winters)在2011年曾研究过人口数量,特别是高素质人才较多的智慧城市发展的现状。研究结果显示:高校数量较多的城市,接受高等教育的人才也多,这能够促使智慧城市迅速发展。技术、人才、硬件设施、建设等对智慧城市的发展都有促进作用。

对智慧城市的评价也存在不同的观点。西方主流社会在对智慧城市的评价上有其独特的见解。其评价系统主要有以下相关要素:城市宣传程度、城市服务行业的创新程度、城市内部数据普及程度、服务行业参与人数、互联网数据交换的频率等。国际社会对智慧城市的评价与西方主流社会的评价存在差异,其评价系统包括以下几方面:城市的经济发展程度、城市环境的绿化程度、城市居民主体素质程度、城市居民主体生活的便利程度、城市管理主体的社会管理程度、城市居民交通出行的便利程度,并且每个方面都有独特的评价指标和权重。总之,国际社会与西方主流社会对智慧城市评价标准的侧重点各有不同。

另外,我国相关专家在对国内外知名城市进行研究时发现,国内知名城市与国外城市的基本情况不同,需要针对特定的情况进行特定的分析,即要用中国特色的评价标准来评价国内的智慧城市。同时,在对“智慧南京”进行分析后发现,在建设智慧城市的时候有相关的不确定因素会影响总体设计思路。2011 年进行的“智慧上海”建设充分考虑了城市竞争力、居民生活便利性、文化教育先进性、数据网络建设全覆盖等因素,使得上海在智慧城市的建设方面,走在了全国甚至全世界的前列。这些建设思路给我国智慧城市建设和评价提供了很好的经验。

三、智慧城市与城市治理现代化

城市治理指一个城市范围内的所有治理,它包含政治、经济、文化、生态等各个领域的治理,具体包含政府治理、政党治理、市场治理、社会治理等。智慧城市建设有利于城市治理的现代化,是城市治理现代化的重要内容和手段。

在中国特色社会主义新时代,面对信息化、智能化引发的信息革命浪潮,我们要创新社会治理思路,转变城市治理方式以提高城市运行速度,不断满足人民日益增长的美好生活需要。城市化水平体现一个国家的发展水平,智慧城市可以为城市治理现代化提供重要的模式、途径与手段。

第二节　国内外智慧城市发展情况

一、国外智慧城市发展情况

国外智慧城市建设最早可以追溯到 1992 年新加坡首次提出“智慧岛”

计划。21 世纪初期,美国、韩国、日本等国家相继启动了智慧城市方面的探索,较为积极的地区是欧洲和亚洲。IBM(国际商业机器公司)于 2008 年提出"智慧地球"的概念后,欧盟、韩国、美国及日本等多个国家和地区纷纷开始启动智慧城市的规划设计。韩国与日本于 2004 年分别发布了 U-Korea 和 U-Japan 智慧城市发展规划。2009 年,美国发布了完善智慧城市基础设施和深化智慧项目发展的目标,欧洲制定了智慧城市发展整体规划,新加坡发布了"2015 智慧国家"规划等。各地均试图运用新一代信息技术来重新考察一个城市的本质、一个城市发展的定位、一个城市功能的培育、一个城市结构的调整、一个城市的形象与特色等。在智慧城市建设的大趋势下,国外许多城市率先开展了一些城市更新改造,其建设经验对我国的智慧城市建设具有很好的借鉴意义。

(一)美国

智能电网是美国智慧城市建设的重点。2009 年,时任美国总统奥巴马提出经济复苏计划,投资 110 亿美元建设支持安装各类控制设备的新型智能电网,帮助民众节省能源成本,控制温室气体的排放。同年,美国国务部和能源部联合发布第一批智能电网行业标准,正式开启智能电网项目;美国迪比克市与 IBM 达成合作意向,准备共同建设美国首个智慧城市。

2009 年,美国纽约市提出了"城市互联"发展规划,以加强移动通信、网络服务热线的方式来加强政府和民众、企业间的关联。第一,"311"市民服务热线服务升级改造。"311"和苹果公司达成合作,在苹果手机上开发新功能,推出"311"网络版。第二,深化"电子健康记录"工作。美国联邦政府及纽约健康与心理卫生局联合一致,共同推动电子健康记录系统的建设工作。第三,实施"纽约城市 IT 基础设施服务行动"计划。该计划的出发点是将全市较为零散的数据中心进行整合。第四,对电子邮箱系统进行优化改造。

第五，建立“纽约城市商业快递”网站。第六，针对低收入人群全面普及宽带服务。第七，构建智能停车系统。

美国芝加哥市积极推行绿色城市计划，以 1990 年 CO_2 排放量为基础，计划 2020 年实现缩减 25 个百分点，2050 年实现缩减 80%。该行动计划提出了多项行动目标，并涵盖五项计划，一共有三十多项具体行动。[①]

总体来说，美国智慧城市建设的特征是确定重点领域并着重攻克，政府和商业机构密切协作，强调对城市空间发展的优化。

（二）欧盟

早在 2007 年，欧盟就提出了全方位建设智慧城市的目标，并推动具体落实。2010 年，“欧洲 2020 战略”出台，重点强调了可持续增长、智慧型增长及包容性增长三项任务。其中，智慧型增长表明需要加强知识创新，全面发挥信息技术的重要作用。在该战略规划中，“欧洲数字化议程”被确定为促进经济增长的一项旗舰计划。哥本哈根、阿姆斯特丹、维也纳及斯德哥尔摩是欧洲智慧化程度较高的城市。

2010 年，哥本哈根开始推行一种智慧自行车，这种自行车的车轮安置了电池，电池可以储存能量，为人们爬坡、加速等提供动力。轮子上的传感器能够对人们骑行的方向进行测度，在人们向前踩踏时，传感器会对车轮的电动马达进行控制，从而助力加速；在踩刹车时，马达可以帮助减速，并为电池充电。这种新型自行车受到人们的喜爱，市民们骑自行车的距离也越来越长，很好地减少了温室气体的排放。2015 年，哥本哈根市往返城郊时选择骑行的人数占比已超过一半。

2008 年，荷兰阿姆斯特丹市启动了“Amsterdam Smart City 计划”（简称

① 芝加哥绿色城市计划拟变身全美低碳城市先锋[EB/OL].（2011-06-03）[2020-05-06]. http://news.qq.com/a/20110603/000571.htm.

ASC 计划),包括可持续的工作、生活、交通和公共空间 4 个专题。在可持续的工作方面,阿姆斯特丹建成了先进的智能建筑——ITO Tower 大厦;在可持续的生活方面,通过实施 West Orange 和 Geuzenveld 项目,实现了家庭节能;在可持续的交通方面,实施了 Energy Dock 项目,便于汽车和船舶充电;在可持续的公共空间方面,把 Utrechtsestraat 街道改造为气候大街。2011 年,ASC 计划增加了在线监控市政大楼、太阳能共享、智慧游泳池、智能家用充电器、商务区全面使用太阳能等内容。

为应对气候和能源方面可能面临的问题,提升经济和科技发展水平,2011 年初,维也纳提出"智能城市发展计划"。该计划由市长直接负责,下设专门的行动领导委员会,具体事务由负责城市发展规划的市政 18 局和负责城市能源发展规划的市政 20 局实施,来自公共、私营和研究领域的 8 家机构共同参与。

斯德哥尔摩市将信息技术广泛应用于城市管理的各个方面。为寻找减少 CO_2 排放量的可靠途径,实现绿色交通,该市以建立"智能交通系统"的方式对运输系统、交通流量传感器及天气预报相关数据进行搜集和整理,在通往城市中心道路设置了近 20 个集成激光扫描、RFID 以及自动拍照技术的检测器,对过往车辆进行识别,在工作日中的特定时间段收取一定道路范围内机动车的拥堵税。如此一来,斯德哥尔摩的城市公共交通使用率大大提升,车辆尾气排放明显减少,交通拥堵的现象得到有效缓解。这一举措将该市交通量降低 20%,废气排放量减少 12%。2010 年,斯德哥尔摩被欧盟委员会评为欧洲首个"绿色之都"。

总体来说,欧盟国家的智慧城市建设比较强调低碳、环保、绿色发展,体现了这些国家以人为本的思想。

(三)新加坡

新加坡欲发展成为由信息通信所驱动的智慧国家、全球城市,于 2006 年提出了第六个信息通信产业发展蓝图,即“智慧国家 2015”规划。这是一个十年期发展规划,投资总额为 40 亿新元,目标是“基于全面发展的信息通信技术,将新加坡建设为智慧国家、全球城市”。规划通过智能感应、纳米、生物识别等技术分析未来十年内的发展趋势,进而阐释这些技术与信息通信产业的关系,构建流畅的通信系统。

“智慧国家 2015”规划让人们预见了信息技术对生活、工作方式带来的改变。为提升公共服务质量,创建优越的生活环境,新加坡先由网络层面入手,大范围、全方位开展光纤覆盖工作。注重电子政务的发展,成立专门的资讯通信发展管理局(IDA)负责发展通信技术产业,推动电子政务应用。向民众提供全面、便捷的一站式服务,使 800 余项政府基本审批工作实现网上办理。在这样的举措下,政府信息与民众信息高度共享,不仅便于政府管理,还提升了政府工作效率。2014 年,新加坡政府启动实施“智慧国家 2025”战略。作为“智慧国家 2015”规划的升级版,其实施重点在于信息整合及在此基础上的执行,提升政府决策的前瞻性;除了通过技术来收集信息外,更关键的在于利用这些信息为人民提供更高水平的服务。“智慧国家 2025”战略的核心理念可以用“3C”来概括:连接(Connect)、收集(Collect)、理解(Comprehend)。

总体来说,新加坡非常注重新技术的引进。政府负责智慧城市建设中的管理与指导,企业负责智慧产业的技术发展与产品更新。多方共举,使革新后的产业资源得到充分整合、合理分配和高效利用,从而达到均衡发展的目标。

(四)韩国

2011 年 6 月,韩国推出“智慧首尔 2015”计划,该计划目的是利用智能技术增强其发展的竞争力和可持续性。“智慧首尔 2015”结合了之前 U-City

项目①的理念。虽然 U-City 项目在一定程度上达到了提高传统市政基础设施服务能力的目的,但未能很好地实现首尔市民生活质量的大幅改善。“智慧首尔 2015”强调以人为核心,注重智能技术的广泛应用,推动城市与市民之间的合作互动。

2010 年 10 月,全球著名网络设备制造商思科(Cisco)表示,根据其就全球 72 个国家或地区的宽带网质量进行的评估,韩国宽带网质量为全球第一。Akamai 公布的一份 2013 年 Q3 数据(表 1-1)显示,韩国平均网速为 22.1Mbit/s,日本平均网速为 13.3Mbit/s,美国平均网速为 10Mbit/s。韩国的移动互联网也走在世界前列。得益于智能手机、平板电脑的快速发展,韩国成为世界上第一个无线宽带网络普及率达到100%的国家。借着“智慧首尔 2015”计划,首尔在公园、广场和其他公共场所安装免费 Wi-Fi。截止到 2012 年 3 月,首尔所有地铁线路都实现 Wi-Fi 全覆盖,市政府的“行政 Wi-Fi”也对外开放。

表 1-1　各国家或地区网络覆盖比例

Country/Region	Q3'13 Avg. Mbit/s	QoQ Change	YoY Change
Global	3.6	10%	29%
1. Republic of Korea	22.1	66%	51%
2. Japan	13.3	12%	27%
3. China Hong Kong	12.5	16%	39%
4. Netherlands	12.5	23%	46%
5. Switzerland	11.6	5.3%	33%
6. Czech Republic	11.3	16%	49%

① 韩国对 U-City 的官方定义为:在道路、桥梁、学校、医院等城市基础设施中搭建融合信息通信技术的泛在网平台,实现可随时随地提供交通、环境、福利等各种泛在网服务的城市。简单来说,就是将信息技术包含在所有的城市元素之中,市民可以在任何时间、任何地点通过任何设备来访问和使用城市元素。

续表

Country/Region	Q3'13 Avg. Mbit/s	QoQ Change	YoY Change
7. Latvia	11.1	4.6%	28%
8. United States	10	13%	31%
9. Belgium	9.7	16%	46%
10. Ireland	9.6	19%	43%

资料来源:根据《公关世界》2014 年第 2 期《首尔经验:智慧城市建设要以人为本》(瑞闻)一文及网络资料整理

首尔还实施了一项智能计量(Smart Metering)项目,主要目的是实现城市整体能源消耗缩减 10 个百分点。该项目开始于 2012 年,通过安装上千台智能计量表,向家庭、企业、办公场所提供能源消耗报告,并包含具体的能源消耗方式以及节能建议等。根据对先行的 1000 个家庭的调查,60% 的家庭认为该计划对节约能源有帮助。2011 年,LG 公司推出了兼具智能电网科技的“智能用电管家”,其目的是减少电力消耗、管理使用可替代能源以进一步提高能源的利用率。

首尔对“智慧首尔 2015”计划与私人机构及公众共享政府管理信息的做法给予高度重视。公开信息有助于私人机构针对公众需求创造性地提出相应的解决方案。例如,公开城市公交信息和路况信息有助于移动导航软件的开发。首尔效仿欧洲和美国政府 2.0 计划(Governance 2.0 Strategies),提出了政府 2.0 战略,旨在通过 ICT 技术增强行政管理透明度,使政府与公众之间的交流和互动变得更加密切。2012 年 4 月,首尔建立“信息共享广场”(Information Open Square),公开正在审批办理的工作文件;构建一个巨大的开放数据库——“数据共享广场”(Open Data Square),涵盖综合行政文件,福利、文化和旅游,城市管理,环境,治安保障,教育,健康,产业,经济,交通等十大门类数据。

首尔还设立了 U－运营中心，主要对市内广泛分布的 ICT 网络进行科学管理，收集和存档城市信息。2008 年，政府提供具体城市街景的地理信息服务；在景区为游客提供虚拟游览服务；针对城市规划者，提供基础建设或改造的模拟场景。2009 年，3D 信息的质量得到突破性提升，这也使该系统在环境监测领域得到了充分应用。2001 年，首尔市政府开始增强其三维空间信息系统的功能，该地图可提供 3D 街道信息，在一定程度上能够提供智能服务。2012 年设计的洪灾模拟系统能预判受灾最严重的地区，并针对这些地区设定洪灾预警机制。通过基于地理信息系统的 ICT 平台，首尔在原来的 3D 地图基础上进一步推行社区地图的绘制，打破以往市民与市政机构间单向沟通的机制，市民、社会工作者等可以通过标注地图来反映其最基本的诉求。例如，残障人士可以通过智能设备在社区地图上标出哪些地方没有轮椅或者对轮椅出行较为危险，该信息将通过地图共享给社区所有成员。随着社区地图包含的内容越来越丰富，居民间的支持合作力度越来越强，为其解决生活中的问题带来了极大的便利。

（五）日本

日本开始智慧城市建设的时间较早。2004 年，日本总务省提出的“U-Japan”战略以推进 ICT 建设为侧重点，以网络信息化为基础，发展多样化的现代产业，在国内引起了新的信息技术革命，产生了丰富的发展成果。日本在 2010 年实现了任何人在本国任何地区、任何时间点都可以上网的目标。2009 年 7 月，日本政府推出了国家级信息技术发展举措，即“I-Japan 战略 2015”。这是日本在信息技术发展层面上改进实施的第三次国家信息化发展战略，有着更高的目标追求和战略方针。“I-Japan 战略 2015”推动电子政务与电子地方自治体的发展，深化健康、医疗及教育领域的电子化水平，计划于 2015 年达成以人为本的“安心且充满活力的数字化社会”，使数字信息融入社会生产、生活的方方面面(如图1-3所示)。

图1-3 日本智慧城市战略发展规划

资料来源:根据《中国信息化》2014年第13期《I-Japan战略2015》(于凤霞)一文整理

东京市政府与国土交通省于2007年联合规划了移动观光和RFID导游的“东京无处不在”战略计划,在全市深化应用物联网技术。该计划运用泛在的ID识别技术,赋予东京各场所和物品识别码,以后台自动识别的方式使用户通过移动设备了解相应物品、物体的信息,从而对资讯内容进行数字化处理,并和现实空间充分结合,保证用户获取信息的及时性、便捷性,这是日本智慧城市建设的样本。在2007年及之后的三年间,该计划在多个购物广场成功落地。其中,东京银座这一试点整体区域内被设置了近万个RFID标签,通过系统平台,用户可以了解交通布局、店铺布局、商店活动、餐厅菜单等多种信息,并可进行英语、日语、韩语、汉语等不同语言的操作。除了以上讯息,游客还可以用手机扫描二维码来了解导游信息、观光咨询等。

“绿色东京大学计划”于2008年6月开始执行,该计划提出的目的是降低电能消耗、减少碳排放,其目标是“利用信息技术以智能和智慧方式改善环境”。作为该计划的样板平台,东京大学工程院构建了以传感器等多种元器件和IPv6为支撑的网络协议平台,将建筑物中的电源、电器等各类系统协同在一起,形成具备兼容性的综合系统数据,通过智能分析和处理,掌握电能消耗情况,进而对其进行科学的管理和优化配置。

2001 年,日本政府投入 200 亿日元推动电子病历系统的安装建设。2003 年,投入 250 亿日元构建区域化电子病历。2004 年,推动卫生信息系统互操作性项目,投资 15 亿日元对电子病历基本数据库、IHE-J 及 HL7 等进行标准化建设。2005 年,成立标准化电子病历促进委员会。2006 年,投入 8000 万日元在全国范围内普及电子病历系统。日本电子病历系统整合了各种临床信息系统和知识库,极大地方便了诊疗活动,受到日本政府的高度重视和全面支持。医院基于笔记本电脑与 PAD 移动设备,为医生移动查房与护士床旁操作提供便利条件,达成医护之间的网络化与移动化。通过家中的无线网络和感应器,患者可将具体病情信息第一时间传入医院数据库,从而高速、便捷地享受医疗服务。"医疗健康云计算"系统作为"个人健康记录"的环节之一,将用户在家中测量的血压及体重等生命体征进行统一管理,与医院、诊所及保健所等保持联动。

1994 年,基于通商工业省、警视厅、邮政省、运输省和建设省的支持,日本设立了"道路 · 交通 · 车辆智能化推进协会"(VERTIS),积极落实各类先进技术、产品研发理念在 ITS 领域的充分应用。在日本智慧交通系统中,新交通系统是关键的一环,基于《日本 ITS 框架体系》的引导,该系统涵盖十个子系统及高性能综合交通控制中心,这十个子系统具体如下:交通信息系统、安全驾车辅助系统、紧急车辆优先系统、环境保护系统、车辆行驶管理系统、公交优先系统、综合智能图像系统、行人信息通信系统、动态诱导系统、紧急状态通报系统。鉴于东京的公路交通、铁道运输系统以及通勤车站十分复杂,优化城市交通解决方案势在必行。当地政府还设计了"智能化高速公路"方案,对高速公路、汽车及交通管理等方面提出了具体的优化策略。以汽车领域来说,为达成高度信息化,车载终端可结合外部信息设定最优行驶路线,从而避免追尾、碰撞障碍物和违规行驶等问题。另外,日本采用信息技术监测和控制高速公路等路面情况,及时提供相关信息,尽量降低自然灾害对道路使用的影响,有效加强城市公路运行的智能化程度。

综上所述,国外智慧城市发展情况可以用图 1-4 总结。其中,日本智慧城市以信息化为主导的发展模式和特点与本书所论述的系统经济学视角下的信息资源整合最为相近。其对于网络技术与数据资源的重视与发展,顺应当下网络时代智慧城市建设的潮流,成为对我们最具有参考价值的国外智慧城市建设案例。

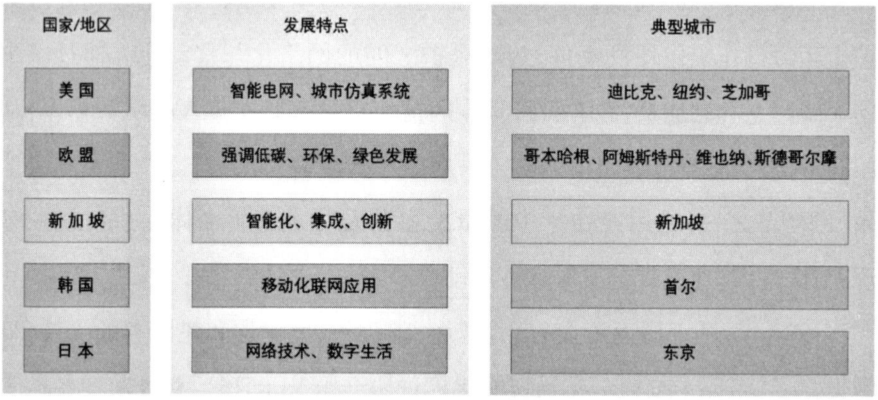

图 1-4　国外智慧城市发展情况

二、我国智慧城市的发展情况

我国于 2012 年开始启动国家智慧城市试点项目,截至 2019 年 5 月,智慧城市试点数量已超过 700 个。试点项目已基本覆盖全国各个省、市和自治区。其中,山东的智慧城市试点数目最多,第二是江苏,湖南位列第三。智慧城市试点大多分布在黄海、渤海沿岸和长江三角城市群,而西藏只有两个智慧城市试点。

(一)智慧城市规划和政策制定情况

《国家新型城镇化规划(2014—2020 年)》《关于促进智慧城市健康发展

的指导意见》《促进大数据发展行动纲要》等政策文件，规划了我国智慧城市建设的实践路径、工作重点，明确了智慧城市的建设方向。各省市纷纷响应国家战略，分别制定出台一系列符合当地特色的智慧城市建设相关规划政策。目前，我国从国家层面、部委层面到地方层面同时发力，通过政策指引和试点部署，加快对智慧城市的发展探索。

2013 年 2 月，《国务院关于推进物联网有序健康发展的指导意见》提出我国物联网发展的总体目标是：实现物联网在经济社会各领域的广泛应用，掌握物联网关键核心技术，基本形成安全可控、具有国际竞争力的物联网产业体系，成为推动经济社会智能化和可持续发展的重要力量。在构建智慧城市的过程中，物联网的有序健康发展将使城市的智能化水平得到极大提升。2013 年 8 月，《国务院关于促进信息消费扩大内需的若干意见》（以下简称《若干意见》）正式提出要在有条件的城市开展智慧城市试点示范建设。《若干意见》支持智慧城市公用设备设施的智能化改造升级，加快实施智能电网、智能交通、智能水务、智慧国土、智慧物流等工程。2013 年 8 月，国务院印发《“宽带中国”战略及实施方案》，该方案的落地，主要是为智慧城市的建设夯实网络设施基础。2014 年，《国家新型城镇化规划（2014—2020 年）》制定实施，该文件明确提出“推进智慧城市建设”目标，并深化了智慧城市建设的内涵。从世界的发展规律来看，城镇化是现代化的必由之路。城镇化与工业化互融共进，构成现代化的两大引擎，智慧城市是新型城镇化建设的重要内容。2015 年 8 月，国务院印发《促进大数据发展行动纲要》（以下简称《纲要》），强调要全面推进大数据发展和应用，加快建设数据强国。《纲要》提出，要大力推动政府信息系统和公共数据互联开放共享，加快政府信息平台整合，消除信息孤岛，推进数据资源向社会开放，增强政府公信力，引导社会发展，服务公众企业。智慧城市的建设会引发数据信息的大规模增长，目前来说，交通、医疗及教育等多个领域已经充分应用了大数据技术。基于

《纲要》的出台，我国大数据的发展有了指导理念。国家从宏观层面着手，启动经济引擎计划，从而为数据产业的发展起到很好的保障作用。智慧城市发展将迎来新的机遇。2016 年 2 月，《中共中央国务院关于进一步加强城市规划建设管理工作的若干意见》强调，到 2020 年，我国要建成一批特色鲜明的智慧城市。2017 年 7 月，国务院印发《新一代人工智能发展规划》，强调要构建城市智能化基础设施，发展智能建筑，推动地下管廊等市政基础设施智能化改造升级，建设城市大数据平台，构建多元异构数据融合的城市运行管理体系。

2018 年 1 月，中共中央办公厅、国务院办公厅印发《关于推进城市安全发展的意见》，该意见指出，随着我国城市化进程明显加快，我国城市人口、功能和规模不断扩大，发展方式、产业结构和区域布局发生了深刻变化，城市运行系统日益复杂，安全风险不断增大。由此可见，着力推进城市安全发展，高质量推进智慧城市的建设意义重大。同年 11 月，住房和城乡建设部印发《贯彻落实城市安全发展意见实施方案》，要求全面提高城市安全保障水平，为人民群众营造安居乐业、幸福安康的生产生活环境。这两份文件都把“安全发展”作为城市现代文明、智慧城市建设的重要标志。

2018 年 1 月，国家测绘地理信息局印发《2018 年测绘地理信息工作要点》，提出统筹“天地图”、数字城市、智慧城市建设，启动政务地理信息大数据“一张图”建设，探索建立全国时空大数据平台，做好接入国家数据共享大平台准备，强化数据融合与协同共享。2019 年 1 月，自然资源部印发《智慧城市时空大数据平台建设技术大纲(2019 版)》，该大纲有力推动了智慧城市时空大数据平台建设，增强测绘地理信息公共服务能力，推进城市治理体系和治理能力现代化，促进智慧城市高质量发展。

2018 年 4 月，国务院办公厅印发《关于促进“互联网 + 医疗健康”发展的意见》，该意见根据《“健康中国 2030”规划纲要》和《国务院关于积极推进

“互联网 + ”行动的指导意见》，聚焦促进“互联网 + 医疗健康”发展的目标，完善健康医疗大数据相关法规，着力从国家层面上、“互联网 + 医疗健康”的维度上充实完善我国智慧城市的体系。

2018 年 5 月，工业和信息化部、国资委发布《关于深入推进网络提速降费加快培育经济发展新动能 2018 专项行动的实施意见》，提出面向行业需求，积极推动产品和应用创新，推进物联网在智慧城市、农业生产、环保监测等行业领域的应用。

2018 年 6 月和 7 月，《进一步深化“互联网 + 政务服务”推进政务服务“一网、一门、一次”改革实施方案》《关于加快推进全国一体化在线政务服务平台建设的指导意见》分别印发。这两份文件都围绕政府“放管服”改革，推进“互联网 + 政务服务”，全面提升政务服务规范化、便利化水平。服务平台作为智慧城市建设中不可或缺的部分，拓展了智慧城市便民、为民、利民的理念，夯实了智慧城市建设的基础，加快了智慧城市信息化进程。

2018 年 7 月，工业和信息化部、国家发展和改革委员会印发《扩大和升级信息消费三年行动计划(2018—2020 年)》，强调要提升信息技术服务研发应用水平，推进新型智慧城市建设，支持云计算、大数据、物联网综合研发应用，加速提高居民生活信息消费便利化水平。2018 年 10 月，《工业和信息化部办公厅关于公布 2018 年大数据产业发展试点示范项目的通知》强调，支持面向智慧城市的多维海量大数据系统、运营商大数据在新型智慧城市建设中的跨领域应用实践等项目建设。2018 年 11 月，工业和信息化部印发《关于工业通信业标准化工作服务于“一带一路”建设的实施意见》，提出要推动建立面向“一带一路”沿线国家的智慧城市建设标准对接合作沟通机制，推进智慧城市建设标准互认。

2018 年 11 月，工业和信息化部印发《新一代人工智能产业创新重点任务揭榜工作方案》，通过开展人工智能揭榜工作，选优选强创新主体，培育创新发展的主力军,促进智慧城市建设进程。

(二)智慧城市试点建设情况

近年来,智慧城市领域的战略性部署陆续出台,从总体设计到信息基础设施、云平台、城镇化、经济、民生应用、信息安全等领域均作出部署。智慧城市建设已经上升为国家战略,同时也成为各省市关注、讨论和布置的重要战略任务。住房和城乡建设部于2012年12月正式印发了《国家智慧城市试点暂行管理办法》(以下简称《暂行办法》),启动了国家智慧城市试点工作。《暂行办法》对申报智慧城市试点的城市(区、镇),在建设诉求、资金渠道、建设规划及组织管理等多个层面提出了具体的保障要求,并且给定了相应的评审、验收工作流程和具体策略。这种试点创建、经验探索就是我国在实现智慧城市目标中不断积累经验和改进方式的务实举措,也是以人为本、可持续发展的"智慧体现"。

"十二五"期间,智慧城市建设产生的经济总量达到了7000亿元。依照住建部的统计数据,"十三五"期间,我国智慧城市建设的投资规模达5000亿元之多,其拉动效应超过10,000亿元。相关机构的研究报告显示,2010年以来,全国智慧城市投资额年均复合增长14.81%,截至2020年,智慧城市建设投资超过万亿元。全国目前已累计开发了涉及国土、规划、交通、房产、公安、消防、环保、卫生、公共服务等几十个领域的约6000个应用系统,涵盖了政府决策、信息化建设、经济建设、应急保障和民生服务等智慧城市的各个领域。

截至2019年5月,住房和城乡建设部先后公布了三批国家智慧城市试点名单(见附录2),各试点城市均制定了智慧城市建设规划,计划投资总规模已突破10,000亿元。经过几年的建设试点,部分城市已取得显著成效。从实际效果来看,试点智慧城市在城市交通、医疗、政务管理等具体领域和总体设计方面均取得了广泛的成果。

在直辖市中，北京、上海、天津都提出了建设智慧城市的目标。2019 年 1 月，《国务院关于全面推进北京市服务业扩大开放综合试点工作方案的批复》指出，实施北京大数据行动计划，推动北京市与公安（进出境管理）、市场监管、海关、商务、交通、金融监管等中央国家机关实现相关数据互联开放共享，推进智慧城市建设，完善城市运行综合风险评估预警体系，服务国家安全工作需要，全面提高应急处置和精准治理能力，高效保障国家政务活动安全。该批复在更广维度、更大力度上推动北京建设发展智慧城市。2019 年 2 月，科技部公开发布《关于支持北京建设国家新一代人工智能创新发展试验区的函》，提出支持北京市建设国家新一代人工智能创新发展试验区。同年 5 月，科技部公开发布《关于支持上海建设国家新一代人工智能创新发展试验区的函》，提出支持上海市建设国家新一代人工智能创新发展试验区。这两个政策进一步推进北京和上海智慧城市建设向纵深发展，同时也为全国推进智慧城市建设提供样本和示范，有力促进人工智能与智慧城市建设深度融合。《天津市智慧城市建设“十三五”规划》提出，到 2020 年，初步建成“智能、融合、惠民、安全”的“智慧天津”，打造面向未来的智慧城市，为实现中央对天津定位、全面建成高质量小康社会提供强力支撑。

在副省级城市中，宁波最早提出建设智慧城市并付诸实施。2010 年 9 月，宁波市委市政府出台《关于建设智慧城市的决定》，明确建设物流、贸易、能源、制造、交通、健康、公共服务、社会管理、安居、文化等十大智慧城市应用体系，加快夯实智慧城市建设的基础设施，加快信息资源的开发利用。2012 年 10 月，广州市委市政府印发《关于建设智慧广州的实施意见》，提出构建以智慧新设施、智慧新技术、智慧新产业、智慧新应用和新生活为“树根、树干、树枝、树叶”的树形架构，创建我国智慧城市建设先行示范城市的目标。2016 年 11 月，《深圳市新型智慧城市建设工作方案（2016—2020

年)》(以下简称《工作方案》)经深圳市新型智慧城市建设领导小组审议后通过。按照《工作方案》,深圳市力争到2020年构建起宽带、泛在、融合、安全的智慧城市基础设施,形成高效便捷、无处不在的信息服务,建设全程全时的公共服务体系,打造低碳绿色环境友好的宜居城市,智慧城市建设达到国际先进水平。根据《工作方案》,深圳市新型智慧城市建设将在公共服务、社会治理、信息经济、城市环境、基础设施和信息安全等方面发力。2019年2月,中共中央、国务院印发《粤港澳大湾区发展规划纲要》,强调推进新型智慧城市试点示范和珠三角国家大数据综合试验区建设,加强粤港澳智慧城市合作,探索建立统一标准,开放数据端口,建设互通的公共应用平台,建设全面覆盖、泛在互联的智能感知网络以及智慧城市时空信息云平台、空间信息服务平台等信息基础设施,大力发展智慧交通、智慧能源、智慧市政、智慧社区。

在地级市中,合肥、长沙、贵阳、苏州、佛山、东莞、泸州、汕尾、舟山、攀枝花、铜陵、广元等市都提出了建设智慧城市的规划,其中佛山是最早提出建设智慧城市并付诸实施的地级市。《四化融合"智慧佛山"发展规划纲要(2010—2015)》为佛山明确了"新兴产业发达、社会管理睿智、大众生活智能、环境优美和谐"的智慧城市目标,并详细规划了实现路径。在县级市中,昆山、江阴、余姚、慈溪等地都提出了建设智慧城市的构想。《智慧江阴2009—2020年发展战略》提出,以一种更智慧的方法利用新一代信息通信技术来改变政府、企业和人们交互的方式,全面提升交互的明确性、效率、灵活性和响应速度,从而使江阴政府管理、城市管理、企业运营和人民群众生活等经济与社会发展的各个方面进入全新阶段。此外,东莞的石龙、顺德的乐从、安徽的金寨等地也提出建设"智慧城镇"。2017年,雄安新区的设立,标志着我国智慧城市建设进程进入一个新的发展阶段。2019年1月,《中共中央国务院关于支持河北雄安新区全面深化改革和扩大开放的指导意见》指出,要完善城市治理体系,建设现代智慧城市,探索智慧城市管理新模式。这将进一步推动雄安新区建设智慧城市的进程。可见,我国智慧城市建设已经在直辖市、副省级城市、地级市、县级市等地展开。

(三)我国智慧城市取得的成果

通过多年的探讨和实践,我国智慧城市建设取得了长足的发展,具体体现在如下几个方面:

一是智慧城市建设方向更加清晰和明确。《国家新型城镇化规划(2014—2020年)》是指导全国城镇化发展的纲领性文件,也为智慧城市建设指明了方向。2014年8月,八部委印发《关于促进智慧城市健康发展的指导意见》,这是国家推进智慧城市建设的一项重要举措,为我国智慧城市建设指明了目标和方向。2014年10月,国家发改委等二十六个部委成立智慧城市部际协调工作组,这是我国从全局、系统、长远的高度推进智慧城市建设所迈出的具有实际性意义的第一步,是我国智慧城市建设史上的一个里程碑。2016年8月,国家发改委、中央网信办联合印发《新型智慧城市建设部际协调工作组2016—2018年任务分工》,进一步明确了成员部门的任务职责,压实了智慧城市建设的责任。2018年2月,国家标准化管理委员会印发《2018年全国标准化工作要点》,强调在2018年,要推进智慧城市、车联网、电子商务、电子政务等关键领域标准化工作。2019年5月,国家标准化管理委员会、国家能源局印发《关于加强能源互联网标准化工作的指导意见》,指出要坚持全面规划、顶层设计。制定我国能源互联网技术发展和标准化工作路线图,重点开展能源互联网标准化体系建设,加快术语、架构、用例等基础标准制定;结合智能电网、泛在电力物联网、智慧城市、智能网联汽车发展,制定能源互动标准。国家标准化管理委员会的两个政策文件,突出了标准化制定的重要性、紧迫性,旨在通过智慧城市标准化建设,牢牢抓住我国智慧城市高质量发展的内核本质。

二是智慧城市建设内容更为丰富和全面。为推动不同地域、不同规模和不同发展阶段的城市开展智慧城市建设探索，国家和地方政府大力推进智慧城市建设试点，这标志着我国智慧城市建设将迎来大范围推广的新阶段。为了鼓励和引导社会投资，国家发改委印发《关于开展政府和社会资本合作的指导意见》，政府和社会资本合作（PPP）是创新投融资机制的重要举措，是推动智慧城市建设的有效模式。智慧城市与多个领域密切相关，属于较为复杂的系统工程，标准化工作的统筹规划和协调管理需要有效利用并整合各领域的标准化基础。2018 年 3 月，国家发改委印发《关于实施 2018 年推进新型城镇化建设重点任务的通知》，强调要分级分类推进新型智慧城市建设。该文件将新型智慧城市评价工作作为推动智慧城市建设的抓手，促进各方面信息融合互通、协同共享。

三是智慧城市理论研究更加全面和深入。2018 年 4 月，教育部印发《高等学校人工智能创新行动计划》，该计划推动人工智能领域前瞻性基础研究，为智慧城市建设“强筋健骨”，激发内生发展动力。近年来，一些学者和研究机构对智慧城市理论的发展背景、理论科学、建设方向、支撑体系、工程推进以及创新实践等方面的探讨和研究陡然升温，从各个领域角度对智慧城市进行梳理和论述的著作不断涌现。有些学者（孟凡坤，2019）对我国智慧城市政策演进特征及规律进行了研究，将我国智慧城市政策出台分为三个时期，即探索期、推动期和提升期。实际上，近两年来，国家层面为纠正有些地方在智慧城市建设中出现的主线偏离、重复建设、资源浪费、城市运转低效内耗等问题（刘士林等，2015），在着力提升智慧城市内涵、推动高质量发展等方面强化了顶层设计。尽管我国各界在智慧城市概念、建设思路上取得了一定程度的共识，建设模式的探索、核心技术的开发与应用取得初步成果，但在理论研究方面还有待进一步加强。

（四）智慧城市建设面临的挑战

自从2012年11月，国家住建部开展第一批国家智慧城市试点工作以来，目前全国共有三批290个国家智慧城市试点。从公开的新闻报道看，大部分的试点和非试点城市在建设过程中存在诸多问题。因此，我们亟须总结前一阶段的试点成果，理清思路，坚定步伐，扬长避短，再次出发。

1. 缺乏系统规划

当前智慧城市建设缺乏智慧化的系统设计，在指导思想上缺乏“大系统”理念，存在一定片面性。比如，过分强调信息技术的作用，忽视城市整体系统的和谐发展；存在一定的重复建设和资源浪费现象，还有条块分割、信息独享等制度性障碍。智慧城市建设并非独立、单一地进行项目结合，而是多个系统形成相互融合、相互促进的生态圈。智慧城市的建设不是一蹴而就的，而是长期的、高度复杂且动态的，应具有长远的战略眼光，对经济与社会的协调发展进行统筹规划，确保智慧城市建设的适用性、实用性和可操作性。

最初的智慧城市主要通过物联网技术，把城市所用到的各种公共资源整合、联结起来，如交通、水、电、气等，然后把监测到的数据进行分析、整合，处理得出智能化的结果，以提高市民的生活效率。到2016年，新型智慧城市不只采用物联网技术，还采用AI技术、云计算技术等；不仅实现公共资源数据整合、联结，还实现实时在线、智能集成、数据驱动，优化新治理、互联互通、交互融合，以重构人与服务、人与城市、人与资源环境、人与社会、人与未来关系的可持续化经济社会发展新形态。

2. 信息孤岛的挑战

智慧城市建设面临的问题与挑战还有传统信息化加之缺乏“大系统”理

念所造成的信息孤岛，如医疗信息化、教育信息化、电子政务以及人力资源、社会保障信息化等建设都相对独立；信息的采集与存储方面也出现了重复建设的问题，造成严重的资源浪费。智慧城市建设需要对信息进行全面开放、深化融合，形成信息的交换、共享，逐步解决因行业、地域、类别、部门等因素导致的信息被隔离等问题、同一时空对象所属的各类信息自身存在的天然关联性与耦合性被打破和遗忘等问题，以及信息共享、数据开放程度有限，信息资源开发利用率较低，信息化服务的产业化、现代化水平较低等问题。

建设智慧城市，要基于具体需求，着重克服信息孤岛问题，促进城市中各群体、系统、部门、行业间的信息交流、业务合作、信息共享等。在建设智慧城市的过程中，信息资源属于核心竞争力。从实际情况看，同一城市不同部门和行政区划之间的信息资源整合、开放、共享、利用仍是难以打破的坚冰。城市建设需要加强跨部门信息共享协调机制的建设，需要充分考虑信息更新机制的完善，包括政务部门信息共享与信息更新管理等。政府部门应基于各自的职能，将本部门建设管理的相关信息和其他有信息需求的部门进行共享，被允许共享的部门应基于授权范围来合理共享信息。政府还应对已建政务信息系统进行优化整合，对新建系统进行协调规划，完善信息资源整合的基本建设工作，达成基本信息资源与业务信息资源的协同管理、网络化整合；基于城市的区域分布框架及人口、法人实体之类的信息资源，对各部门和各个行业的业务信息进行叠加，从而全面推动部门协同应用工作。

另外，政府部门还要强化核心区域的信息资源开发利用的有效性，全面落实企业信用、公共设施、食品药品安全、产品质量以及综合交通等各类资源的全面开放，对市政公共企事业单位进行引导，使其充分开放医疗、就业、生活、教育等方面的信息资源，使民众能够充分获取各种资源，为民众提供方便、贴心的现代化信息资源整合开发服务。

3. 建设空心化的挑战

如果我们在智慧城市建设期间仅仅关注技术，重视表面，忽略实用性价值，就会形成建设空心化。一些地区不重视智慧城市建设的战略目标、业务目标和实际效果，只强调以技术为核心、以项目为驱动，着重强调“建设快速”“气势恢宏”“技术先进”，技术投入成本过高，如高成本购入云计算、物联网等计算机硬件设备，最终造成智慧城市项目建设自成体系、独立运行，综合协调不足，不能真正构建智能服务、互联互通、业务协调和信息共享的科学发展模式，投入产出率较低，没有实用价值，面临着较大的建设空心化风险。

有效防止智慧城市建设的空心化，核心是明确智慧城市建设的本质需求，坚持项目驱动、问题导向、需求驱动和战略引领等发展观念，不可一味地强调技术问题。要正确认识物联网、云计算、大数据、移动互联网等新一代ICT技术，贯彻新发展理念；对于智慧城市的建设，应以实用为原则，凸显使用效果，促进信息技术的协调融合、深化应用。政府应全面推动核心领域的物联网应用工作，保证大数据、云计算的稳步发展，引导电子政务系统正确转移到云计算模式，进一步加强城市精细化管理的程度，从而建成全面协调、深化应用的城市智能与服务系统。在就业、教育及医疗等重要的民生领域，推广低成本、高品质及广覆盖的云服务，积极引导企业全面应用云计算服务资源，强化云计算和大数据开发与利用水平，布局大数据商业发展结构，为城市发展提供充分保障。促进信息技术的集成，基于民众的现实需求，全面升级地理信息技术、遥感遥测技术以及移动互联网技术等，完善服务系统，为民众提供周到、全面的现代化、高水平服务。

4. 网络安全的挑战

智慧城市建设以资源整合、信息协同与共享作为基础，但是在信息集中整合的过程中,难免引发诸多安全问题。移动互联网、导航定位以及物联网等技术的发展与普及,往往伴随着信息安全的风险。以云计算为例,集约化处理信息使得数据库的信息量增多,信息集中度加强,一旦云服务被入侵,大量集中的数据信息的安全将受到威胁,风险程度远高于分散型数据。智慧城市的建设需要以网络化、信息化为支撑,安全风险与隐患远高于普通互联网,对社会的负面影响及潜在威胁也更为深刻。因此,在我国智慧城市建设中,提升网络安全性、排除潜在风险是亟待解决的问题。

目前,很多城市还没有意识到网络安全的重要性,缺乏"大系统"理念,没有形成统一的管理机构与机制,多头管理、分散管理的问题突出,无法发挥足够的效果。有关部门应对网络安全方面的法律制度进行优化完善,从信息保护、系统维护、管理标准、设备审查等多个方面着重规划,全面保障网络安全。政府还应加强信息设施与资源的安全性,对网络和信息安全问题进行统筹规划,为智慧城市的建设提供信息系统设计、运行等全方位的网络安全保障,达成重要系统和网络安全设施的紧密结合,实现同步规划、建设与管理的效果。

从总体上来讲,我国的智慧城市建设处于探索阶段。这就使得本书的研究不仅具有一定的理论价值,而且具有非常重要的现实指导意义。

第三节　信息资源整合相关研究进展

一、理论基础

(一)资源位理论

信息资源整合是资源整合的一部分,因此,需要先梳理资源整合方面的文献。

资源位理论是系统经济学中研究资源整合的一个专题,是我们研究智慧城市信息资源整合的重要理论基础。所谓资源整合,就是要产生“整体大于部分之和”的系统经济学效应。智慧城市建设需要许多资源支撑。每一种资源相当于一个资源维度,许多不同的资源就构成一个资源空间,在数学上表现为一个 n 维笛卡尔空间。所谓智慧城市的资源位(Resource - Niche),就是在这个资源空间中,智慧城市建设实际或潜在利用、占据和适应的部分。

从拓扑学角度来讲,智慧城市的资源位结构一般为普通集合。对于这种一般集合,运筹的基本思路就是用特殊集合或特殊的数学结构去逼近。在系统经济学研究中,昝廷全(2001)采用凸集和凹集两种规则集合去逼近和描述资源位的一般结构。根据资源位理论,只有当智慧城市的实际资源位的拓扑结构为凹集时,才能有效整合外部资源,产生“整体大于部分之和”的系统经济学效应;在智慧城市资源位拓扑结构呈现凸集的情况下,亦即其自身资源位潜力已经挖掘使用完的情况下,可以通过智慧城市外部的某一“资源点”形成一个新的凸锥,这个凸锥为智慧城市整合外部资源提供了新的途径。

资源位理论主要由资源位三大基本定律构成。资源位第一定律指出,资源位能精确描述智慧城市可以整合的最少外部资源;资源位第二定律指出,在智慧城市资源位已呈凸集的情况下如何进一步整合外部资源;资源位第三定律指出,不同资源点之间具有拓扑连通性是智慧城市资源整合的必要条件。在此,连通性主要表现为信息连通。因此,连通性在智慧城市信息资源整合研究中具有特别重要的意义。

(二)传播有效性原理

在智慧城市系统设计的信息资源整合中,信息传播具有基础作用,与信息传播有效性原理具有直接关联。信息传播的有效性与传播者、信息渠道、信息内容、受众、信息传播环境等要素相关。从大众传播角度看，传播效果分为认知层面的效果、心理与态度层面的效果以及行为层面的效果。传播效果理论大体上分为三个阶段：一是20世纪初到20世纪30年代末，此阶段是强效果时期，又称为“魔弹论”与“皮下注射”理论时期，传播效果充分体现在广播等大众媒体在战争中的宣传作用，以及社会大众对大众媒体的信任等方面。二是20世纪40年代到60年代，此阶段为弱传播效果理论时期，主要的理论成果是“传播流”研究、说服性传播的效果研究以及“使用与满足”研究。例如，美国学者拉扎斯菲尔德在调查美国总统选举中民众的立场改变时，写了《人民的调查》一书，认为意见领袖对个人的影响更大，而大众媒体的影响力有限，提出二级传播理论。20世纪40年代，耶鲁大学心理学教授霍夫兰对美军进行心理试验，观察观看影片在鼓舞士气方面的效果。结果显示，影片在事实性信息的传递方面效果显著，但没有起到明显的说服效果，说明大众传播在改变受众态度方面效果不佳。三是20世纪70年代以后，坦斯利·巴兰、丹尼斯·戴维斯(2004)认为，这一时期学术界出现了宏观效果理论，即适度效果理论，代表性理论包括“议程设置”理论、“沉默的螺旋”理论、“知沟”研究以及“培养分析”等。这些理论认为，大众传播媒介长期的、综合的传播效果显著。昝廷全将“申农－韦弗”信息传播模型进一步细化为图1-5，并于2006年在《论传播的分类及其数学模型》一文中提出了传播有效性原理。

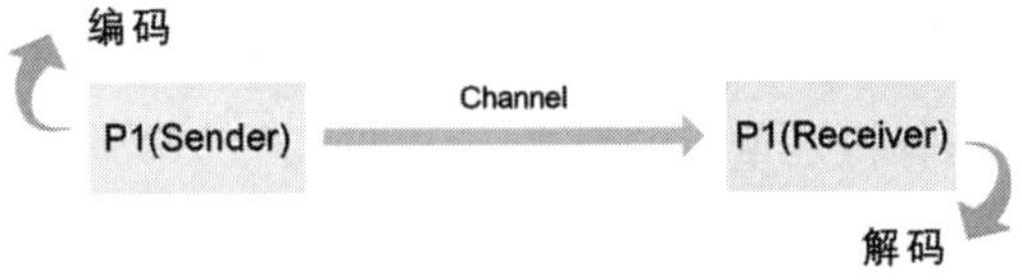

图1-5 “申农－韦弗”信息传播模型简化

按照上述图示,信息由发送者 P1 编码之后通过渠道传递给接收者 P2,P2 对信息进行解码之后便获得了原始的信息。传统传播学认为若要信息成功地从 P1 传送到 P2,P1 的编码规则和 P2 的解码规则应是完全一致的,其重叠度为 1。对电报的发送与接收来讲,实际情况正是如此。由此,我们可以联想到在反特故事中密码本的重要性。许多革命先烈为了获得密码本不惜牺牲生命。但在更加一般的传播环境中,信息发送者和信息接收者之间并没有完全一致的"密码本",决定信息传播效果的往往是二者知识的重叠程度。这可以分为三种情况:

(a)信息发送者和信息接收者的知识结构完全不一样,因此,无法进行任何有效的信息传播;

(b)信息发送者与信息接收者的知识结构部分重叠,因此,可以进行部分信息传播;

(c)信息发送者与信息接收者的知识结构完全一样,因此,可以进行完全信息传播。

我们把(b)和(c)两种情况统称为信息的有效传播。由此,自然得出信息有效传播的必要条件为:信息发送者和信息接收者的知识软件的交集非空。使用数学表示即 $\varepsilon_1(P_1)\varepsilon_2(P_2)\phi$,如图 1-6 所示。这里的 $\varepsilon_1(P_1)$ 和 $\varepsilon_2(P_2)$ 分别表示信息发送者和信息接收者的知识结构。在智慧城市建设中,这里的知识结构可以是对信息进行加工处理的人工智能系统的知识结构。

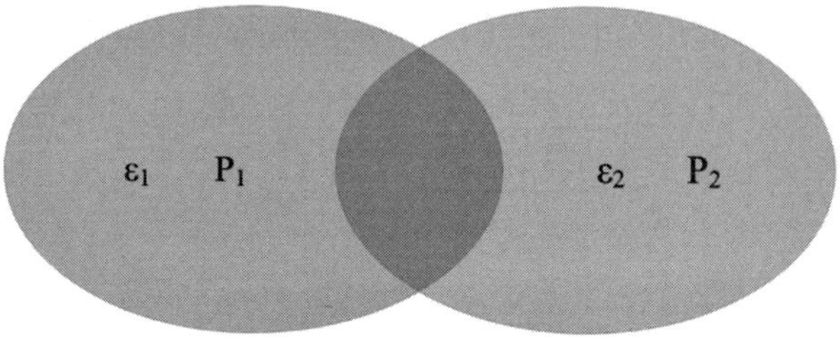

图 1-6 传播有效性条件

二、信息资源整合研究进展

对新科技的开发和应用进行总结分析，进而产生的一系列经验和理论统称为信息资源。从20世纪50年代至今，我国信息资源建设取得了不错的成绩，从最开始的纸质版信息阶段，逐渐发展到现在的电子信息以及数字信息阶段。查阅大量的文献资料发现，在21世纪的第二个五年期间，我国的信息资源发展经历了一个很大的跨越，这归功于互联网技术的飞速发展。我国的信息资源建设开始利用互联网建立大量的数字图书馆和信息共享网络平台。分析国内外信息资源发展发现，各国在信息资源建设的过程中存在着很大的不同，我国发展主要重视对相关活动进行经验总结，而国外却重视用经验理论指导实践。

本书以中国学术期刊全文数据库作为数据源，在高级检索方式下，选择篇名，检索词为“信息资源”“信息资源整合”，得到1277篇论文，其中高被引文献118篇（被引频次≥15）。对高被引文献进行分析研究发现，其内容主要分布在数字图书馆、传媒、电子信息、电子政务领域。表1-2展示了2000—2018年信息资源整合方向被引频次排名前20的论文情况。需要特别指出的是，与信息资源相关学科融合可以促使电子政务、数字图书馆、新闻传媒、计算机技术、信息网络等更快速地发展，反过来也可以促进信息资源整合。因为国家对信息资源建设十分重视，多个学科之间的信息资源建设可以得到更多的资金支持。某些学科的专业性使得整个信息资源网络构建存在技术困难，尤其是人文社科类，很难与“大数据”和“互联网+”相融合，这也加大了智慧城市建设的困难。

表 1-2　2000—2018 年信息资源整合方向高被引论文

排名	论文题目	被引频次	发表年份
1	论信息资源整合	161	2005
2	云计算环境下的数字图书馆信息资源整合与服务模式创新	122	2011
3	国内外数字信息资源整合管理系统的对比研究与思考	97	2003
4	图书馆信息资源整合	91	2005
5	基于 SOA 的企业信息资源整合	85	2006
6	Web 信息资源整合系统的技术研究及实现	80	2004
7	SFX:信息资源整合新工具	73	2002
8	电力信息资源整合方法综述	69	2006
9	基于门户网站的电子政务信息资源整合机制研究	66	2005
10	电子政务信息整合与信息孤岛	64	2008
15	网络环境下档案信息资源整合研究	59	2005
16	个性化服务中的信息资源整合分析	54	2005
17	面向信息资源整合的电子政务云平台构建研究	48	2012
18	我国电子政务信息资源整合:现状、问题与对策	46	2008
19	电子政务信息资源整合的障碍分析	45	2007
20	一种基于数据中心的政府信息资源整合系统架构设计	45	2005

因此,本书从被引频次、文献数量最多的“图书馆信息资源整合”及与本书研究方向最为相关的“电子政务信息资源整合”两个方面进行文献梳理。

(一)图书馆信息资源整合

进入 21 世纪,我国对信息资源整合越来越重视,主要体现为相关论文的发表和著作的出版越来越多。对于从事电子信息研究的专家来说,不仅要在研究国内的信息资源建设的时候和我国的实际情况相结合,而且要充分考虑学习其他国家的优势和长处,师夷长技,特别是技术、制度、实施等方面，以促进我国的信息资源建设发展。越来越多的专家开展相关研究，使得我国的信息资源建设越来越深入。本书将从理论体系、技术实现、实施体系三个方面对相关的资料文献进行统计分析。

一是理论体系。要对学术资源进行整合，必须有完备的理论体系。美国的计算机技术体系成熟较早，对资源整合有得天独厚的优势，集中体现在自然科学领域的成就上，特别是在整个数据库和结构库的构建上。其关于资源整合的相关文献也有很成熟的体系。我国开始进行信息资源建设的时间较晚，形成了自己的一套成熟的理论体系。从已有文献可以看出，我国数字信息资源整合的系统比较完善，不仅有开发的结构框架、运行环境，还有自己的运行标准和评价系统。

二是技术实现。进行信息资源整合，必须有相关的技术支持，没有技术支持就相当于空谈。信息资源整合框架和运行环境已经有理论支持，在获取信息内容的同时，需要将相关的自然科学知识经过数字加工融入理论框架中去。因此，数字图书馆的建设显得尤其重要。数字图书馆可以将实际的自然科学知识和理论方法等内容整合为统一格式的数字信息，使信息资源的整合有一个统一的标准。我国专家学者给知识的组织方法奠定了比较完善的理论基础，研究出了一套合适的组织标准。技术实现需要有效的硬件支撑，也给我们提出了新的要求。考虑到文献的多样性，信息资源整合应细化整合的方式方法，尤其要针对整合的理论、方法、技术和实施提出一套全新的使用原则。

三是实施体系。信息资源整合必须考虑实际的使用状况，这是将理论贯彻落实的最重要的一步。经过多年的发展，我国已经有一套成熟的理论体系来指导信息资源整合。但随着经济社会的发展进步，传统资源体系已无法满足日益增长的需求。李枫林(2006)认为要从用户的个性考虑如何实施，即整个信息资源体系要满足不同的用户的个性化要求，充分考虑用户的意见和建议,构建一个完整的评价体系。借助计算机程序可以构建一个完整的资源整合系统,在面向不同的资源和用户时,资源整合系统有不同的差异。有学者就此方面进行过研究,把两者的组成成分、整合标准、整合方式,形成过程中需求者的阶层、领域等进行比较,发现面向用户的信息资源整合能更好地匹配需求者的多样化需要,整合速度更快、整合费用更低。钱庆(2009)曾对信息资源整合提出自己的建议:在构建整合平台时要充分利用现有资源,对平台进行差异化、集成化处理,确保在资源使用上拥有更多的优势。申彦舒等(2010)也提出自己的看法:不仅要对资源进行差异化融合,还要对用户的使用习惯进行差异化分析,构建以用户习惯为中心的,使用更加便捷、高效、智能化的资源整合平台。综上所述,信息资源整合应以新发展理念为指导、以用户为中心、以体验为原则,不断完善运行体制机制,构建一个包括各种学科信息及信息发展、有效解决问题、个性化、多样化、合理利用信息资源的平台。

(二)电子政务信息资源整合

以“互联网+政务信息”为基础发展起来的电子政务信息资源整合研究始于20世纪末。当时,计算机和图书情报事业的管理必须依靠集合的信息资源来进行,这为电子政务信息整合的原因、措施、标准、方式以及整合内容提供了依据。如今,电子政务信息资源整合的领域已然扩大,成为一项兼具社会性、复杂性、系统性的,可应用于情报、行政、法律、经济、计算机、档案等方面的综合工程。

21世纪以来,多位学者对电子政务信息资源整合进行研究。有的学者研究其与政务合作、政务机制、政务改革等之间的内在联系,得出的结论是:建立完善的政府业务体制必须通过互联网对各类信息进行合理整合,而整合的一个主要方式就是对信息价值的多重开发和利用。有的学者研究其他国家政府官网的建设情况，了解其方式、手段，从而分析政府官网同信息资源整合之间的内在逻辑和联系。还有的学者提出了新观点：政务资源在信息方面的集中能拓展政府服务的领域，政府可把官网作为满足群众多样化需要、提供便捷服务的一个重要平台。有的学者则把理论与实践相结合，研究了一些成功的政府官网在信息集中方面的做法、亮点。也有一些学者就信息资源整合对电子政务管理的重要性进行研究，表示其对于管理有着举足轻重的作用。

虽然学者们的电子政务信息资源整合研究内容各异，但在一点上却有共识：信息资源整合对于推动电子政务发展，更科学、民主、便捷地管理政务，推动经济、社会高质量发展具有不可替代的作用。也有人提出，电子政务之所以能不断发展，也源于市场这只"看不见的手"、政府这只"能看见的手"以及群众的需求。

虽然已经有了众多的论证与实践，但是因为开始的经验不足、实施不到位，我国的电子政务建设还存在一系列问题。如建设不够规范统一，各个参与主体之间无法共容，信息集中和共享这样的更高需求难以被满足等。牛力等（2013）学者对我国信息资源整合在电子政务领域的发展进行了研究，认为其发展如此缓慢的原因是资源自身过于烦琐、治理方式不成熟、无法可依、透明性与安全性无法平衡等。这样的想法与其他国家的一些研究结论不谋而合。所以，无论在哪个国家，对于电子信息资源的分配和协调，均会对当前的各种利益、群体构成冲击。就如贺军（2007）所言，多群体、多领域的电子信息资源因为其复杂性、分散性，对于当下的政治、行政的触及不可避免，若只靠目前的主流权力不仅不能促进电子信息资源的整合，反而会使它寸步难行。此外，我国在管理体系不够健全的情况下，要把电子政务信息资源整合上升为国策，或者实现行业的长足发展等都是不可行的。

因此,我国的另一些学者致力于研究探索发展电子政务信息资源整合的可行方法。比如,建立标准、严抓严管、立法为据、完善安全机制等。还有一些人建立了以各种元素为基础的整合平台和框架模型,将关于电子政务信息资源整合的理论通过反复实验,进行论证、研究,从而推动其在实践领域里的积极发展。

第二章　智慧城市信息资源整合的理论分析与数学模型

本章在分析智慧城市信息资源整合机制与类型的基础上,从系统经济学、传播学的理论视角出发,提出智慧城市信息资源整合的四大基本数学模型:局整关系模型、因果关系模型、生克关系模型和综合模拟模型,并在此基础上进行相应的运筹分析。

第一节　智慧城市信息资源整合的机制与类型

信息资源整合是智慧城市的本质特征。本节从信息资源整合的概念界定出发,分析智慧城市背景下信息资源的属性和特点,详细分析智慧城市信息资源整合的机制与类型,为进一步开展深入研究和数学建模提供基础。

一、信息资源整合的内涵特征与目的意义

智慧城市建设是社会发展的需求,同时,信息资源的整合为智慧城市的发展提供了良好的社会契机。信息资源的整合具有主动性、广泛性、动态性、整体性等属性,智慧城市的建立必须符合信息资源整合的特点。

(一)信息资源整合的内涵

信息资源整合指通过确定的步骤,将在不同的地域、管理单元中分散储存和管理的各类信息资源整合成一个有机整体的过程。这个过程的核心是建立各类信息资源之间的有机联系。

信息资源整合的理念是以信息集合取代过去单纯对信息进行管理的方式,通过对信息资源进行统筹规划,实施系统管理、全面管理。“整合”的目的是更好实现信息资源的共建共享,发挥其总体效能,本质是从机制创新的高度提出和解决信息资源建设问题。

(二)信息资源整合的特征

信息资源的整合具有与其他信息要素不同的特征,这是由信息资源整合自身的发展属性决定的。

一是主动性。与被动的知识接受不同,信息资源的整合具有主动性,可以实现信息需求者和信息供给者的良性互动,并且能通过共有信息实现信息的沟通交流,符合智慧城市的最终使命。

二是广泛性。信息资源的整合要求城市尽可能利用基础设施、文化要素、经济基础不断丰富自身的信息来源渠道,动员各领域的工作人员收集多种多样的信息。

三是动态性。信息资源整合具有实时性,运用不同的信息加工手段可以反映城市的动态变化过程,体现城市基础风貌的变动。

四是整体性。信息资源的有效整合不是一个孤立的过程,需要考虑城市各部门、城市以外的各地域等相关信息利用者的动态需求,对各方面收集的信息进行有效整合。信息管理部门必须强化整体思维、系统思维,作出合理正确的价值判断和选择;对城市的整体性发展战略环境作出整体性的信息规划和思考。

(三)信息资源整合的目的及意义

信息资源整合的目的十分明确,主要体现在以用户和服务为基础建立一个一站式服务模式,提供丰富的信息资源,满足用户的信息需求。建立庞大的信息系统,充分保证信息的高效、精确、及时集合与分布,最大限度实现信息资源的无缝连接。促使信息提供者提供更为优质的服务,促进以用户为中心、以资源为基础的学习环境形成,为智慧城市的建立奠定良好的研究环境。实现城市信息结构的有序化和结构化,建立统一的信息资源访问调用接口和资源的索引。

加强智慧城市信息资源的整合,对于更好满足城市用户需求、提高城市综合竞争力具有十分重要的作用。

一是有利于提供更优质的服务。人类社会即将进入信息快速进步的知识型时代,智慧城市的发展要求城市必须在审视自身的价值链基础上确定自身资源与其他要素的密切联系,充分利用所掌握的有效信息作出科学合理的决策。信息分析在智慧城市的建构中发挥着至关重要的作用,有利于城市提供优质的公共服务。

二是有利于满足信息社会的需求。互联网技术的发展给城市群众的生产生活带来了便利,人们的信息需求不断增大,而满足这些社会需求需要构建一个完善的信息资源整合系统。随着信息经济学的发展,人们逐渐认识到信息在社会活动中的重要价值:它为人们经济、政治、文化活动的开展提供了经验技术。新的管理理论、研究成果的出现,使城市之间、居民之间的系统性和关联性不断增强,新的管理思路的提出是信息资源整合的重要理论背景。

三是有利于提升政府管理水平。利用信息技术、网络技术推行“互联网+政务”,有利于对传统政府管理和公共服务进行创新,促进信息资源的有效整合、有效利用,实现流程简化、服务优化、网上办理便捷化,不断提升政府管理的科学化、精细化水平。

二、信息资源整合的基本类型

信息资源整合的发展与经济的发展相一致,经历了大约两个阶段。每个阶段的信息整合与经济发展的主要特征和属性都相关联,分别表现出截然不同的特征。

第一次工业革命作为一场深刻的变革,使城市社会的工厂代替了传统的手工工场。虽然城市生产的先进技术和资源信息得到了丰富,但是由于蒸汽时代社会发展程度较低,人们的基本衣食住行的需求仍是城市发展的基础和核心,信息资源的整合没有形成一个系统的结构。第二次工业革命极大地推动了社会生产力的进步,城市发展的社会化程度明显提高,信息的整体性越来越明显。电力时代的到来促进了人类生产能力的提升,信息资源更加具有广度和深度。第二次工业革命的信息资源整合虽然初具雏形,但是在技术运用上、人力资源的配置上还存在明显的不足。

(一)信息时代信息资源的传播与整合

随着微型计算机的发明和发展,计算机在经济社会各领域得到普遍应用。这促进了信息产业发展,并推动人类进入蒸汽时代、电气时代后的又一个重要时代——信息时代。

第三次科技革命是世界发展史上一个大的跨越,它以电子计算机、空间技术、原子能和生物工程的发明应用为主要标态,汇入了信息技术、新能源技术、新材料技术、生物技术、空间技术、海洋技术等一批新技术,形成了一个宏大的技术体系。它对于世界各地的政治、经济、文化等的发展都起到了推动作用,也影响了世界各地人民的思维方式,使人类的衣食住行等日常生活发生了重大变革。同时，城市社会经济结构的调整和资源信息传播方式的巨大革命推动了城市资源的扩散。信息时代的到来促进了信息资源整合的蓬勃发展，并且为信息资源的整合提供了扎实的技术基础。伴随着信息技术的不断发展，信息资源的整合逐渐能够适应城市不断变化发展的状态，满足城市居民对多元化信息资源的需求。

（二）第四次工业革命时期信息资源的传播与整合

2013 年，在汉诺威工业博览会上，德国的“工业 4.0 工作组”发布了德国工业 4.0 战略计划实施建议，其中有一个观点：在“智能、网络化世界”里，各个重要领域都会有物联网和服务网的渗透。能源、医疗、物流等领域都将与智能电网衔接。在制造业中，产品的生命周期、行业的横向协作也都会与信息化、智能化、数字化、自动化息息相关，证实了制造领域是工业化第四阶段的引领者。从德国信息技术、通信、新媒体协会工业 4.0 部部长多尔斯特的观点来看，工业 4.0 战略计划的实施会使整个产品在生命周期中产生多方面的跨越，这项计划在现阶段来看是一个指明灯般的存在。第四次工业革命是从嵌入式系统向信息物理系统发展的技术进步，目的是建成一种生产模式。这种模式下的产品和服务极为灵活高效，兼具个性化和数字化特点；经由网络可以很好地融合分散且自主特点明显的智能设备。物联网和服务网将融入各工业环节，构建灵活、个性、智能的生产方式。

在第四次工业革命中，以工业 4.0（物联网、云计算、大数据）为代表的智能技术的进步，将加快城市的网络化和信息化发展。由通信网络、计算机网络、信息资源网络组成的信息高速路网，是城市信息化的基础硬件。信息高速路网的构建集成互联网、卫星通信等系统，加强城市生产生活、运行管理、公共服务等各环节的资源整合和信息共享，在为人们的生活提供更大便利的同时，也让信息资源的重要性更加突显，并使信息资源产业成为重要产业。利用物联网本身具有的传感设备和技术,可以自由、全面地对城市运行核心系统进行监控、测量和分析。智慧型基础设施使城市各个系统和组成部分都能够很好地协作,进而促进城市核心系统高效迅速地运行。

三、信息资源整合与信息有效传播

信息、能量与物质是构成现实世界的三大要素,而信息是减少或消除不确定性的东西,是人类传播的一切内容。信息存在于客观世界当中,只要事物相互联系与相互作用,就会创造信息。沃纳·赛佛林(2000)认为,并不是所有的信息都是资源,只有经过加工处理、对经营管理有帮助的信息才是资源。从这个角度看,信息是信息资源的核心要素,我们需要发挥信息的使用价值为社会服务,发挥信息作为资源的最大效用。郭庆光(2011)认为,信息社会是在农业社会与工业社会基础上发展起来的。在信息社会,社会的核心资源是信息,信息生产与信息传播不仅是经济发展的关键,而且会对政治与文化产生重要的影响,甚至关系到国家和民族的生存。如果说广播、电视等大众媒体的产生标志着社会进入初级信息化阶段,那么随着移动互联网与物联网的诞生,社会则进入高级信息化阶段。

信息资源包括信息的生产者、信息以及信息技术三个要素,没有信息的生产者以及信息技术的充分运用,信息就不能发挥作用。信息生产者是信息的生产、加工、处理者,信息技术则是收集、加工、存储、传递和利用信息的技术的总称。信息资源是重要的经济资源,是重要的生产要素,具有稀缺性、时效性、共享性、流动性等特点。有效传播与科学配置信息,就能够发挥信息的经济价值。

智慧城市的信息资源整合需要促进信息的有效传播,减少信息孤岛与信息鸿沟现象,利用大数据、云计算、人工智能、区块链等技术,加快信息交换、信息共享、信息应用,发挥信息资源在智慧城市管理中的作用,促进信息资源转换为社会生产力。信息采集、信息计算、信息整合等是信息有效传播的前提,信息资源的有效传播与充分利用将发挥信息资源在智慧政务、智慧社区、智慧产业等方面的积极作用,促进智慧城市在经济、社会、文化等方面的协同发展。

邵培仁(1996)认为,模式是对某一事项或实体的内在机制与外部联系进行的一种直观、简洁的描述,是一种再现现实的、理论化的简化形式,删除了较多的结构与多余的信息,将世界理想化与简单化。信息传播模式具有构造功能、解释功能、引导功能、简化功能以及预示功能等功能。优秀的信息传播模式具有呈现性、整体性、创新性、启发性与实用性等特性。在智慧城市的信息资源整合过程中,建立智慧城市在基础设施、城市运行、公共服务、数据融合以及整体优化中的信息传播模式,对于探究智慧城市的信息传播规律、充分发挥信息资源作用以及改进信息资源配置均具有重要意义。

第二节　智慧城市信息资源整合的局整关系数学模型

局整关系模型是描述智慧城市系统设计中信息资源整合的基本模型。按照本书的观点,智慧城市是一个人工系统。设智慧城市 $S=(A,f)$,$f\subset A^*\times W$,$\times$为集合复合,令 $D\subset A$,显然有:

$$D^*\subset A^*$$

$$D^*\times W\subset A^*\times W$$

这里 A 为智慧城市所涉及的不同模块;f 为不同模块之间的信息连接;D 为模块集合的子集;W 为广义的权重水平,代表智慧城市建设中不同目标的重要性和紧迫性等。记 S 的子系统为 $S_D=(D,f_D)$,$f_D\subset D^*\times W_D$,W_D 为 S_D 的广义权重水平,则 f_D 可以写成如下两种形式之一:

(A)如果 $W_D=W$,则 $f_D=f\cap(D^*\times W)$。

(B)如果 $W_D \neq W$,则可以合理地假设 W_D 与 W 之间存在某种关系 $g \subset W \times W_D$。令:

$f_D' = f \cap (D^* \times W_D) \subset D^* \times W$,则:

$f_D = f_D' \circ g \subset (D^* \times W) \circ g \subset D^* \times W_D$

$\circ$为函数复合,$\times$为笛卡尔直积。作为一种极端情况,当 $f = \varphi$ 时,即智慧城市不同模块之间不存在信息连接时,智慧城市 $S = (A, f)$ 退化为一般的集合 $S = \{x \mid x \in A\}$,这就是信息孤岛的精确数学描述。因此,为了避免信息孤岛的产生,必须建立不同模块之间的信息连接和进行信息资源整合。

在智慧城市 S_D 的数学描述的基础上,可以进一步研究智慧城市系统设计中具有一般性的局部与整体之间的关系。其具体表现为智慧城市信息资源整合的整体性原理,即“整体大于部分之和”。

设智慧城市 $S = (A, B)$,$B \subset A^n \times W$,这已经具有了相当的广泛性。若 $A_i \subset A (i = 1, 2, \cdots, m)$,且 $\bigcup_{i=1}^{m} A_i = A$,则 $S_i = (A_i, B_i)$ 为 A_i 上的子系统,容易证明 $\bigcup_{i=1}^{m} B_i = B$ 只在下述情况下成立:

(A)$B = \varphi$,则 $B_i = B_j = \varphi (i, j = 1, 2, \cdots, m)$

(B)$B \neq \varphi$,但 $B_i \cap B_j = \varphi (i \neq j)$,其含义是智慧城市的不同子系统或模块之间不存在任何信息连通,代表现实中智慧城市不同部门、不同行业各自为政,相互之间没有配合和合作,更没有资源共享。

根据智慧城市的系统定义,智慧城市不同模块和不同子系统之间必然存在相互关联和相互作用。因此,上述两种情况都与智慧城市的系统定义相矛盾。由此推出 $\bigcup_{i=1}^{m} B_i \neq B$。不仅如此,智慧城市系统设计追求的目标是:

$\bigcup_{i=1}^{m} B_i \subset B$

即智慧城市建设通过系统设计和信息资源整合要产生“整体大于部分之和”的系统效应。其中,大于的部分就是由不同模块和不同子系统 S_i 之间的信息连通派生的。下面给出一个示意性的例子。在下述例子中，用 a、b、c、d、e 表示不同的智慧城市模块，用 + 和 − 代表不同的权重水平。

设 $S=(A,f)$，$A=\{a,b,c,d,e\}$，$W=(+,-)$，

$f=\{(a,b,+),(a,c,+),(b,c-),(b,d,-),(c,d,+),(d,e,+)\}\subset A^2\times W$，并设 $A_1=\{a,b,c\}$，$A_2=\{d,e\}$，求 S 与 S_1 和 S_2 的关系。

解：$A_1=\{a,b,c\}$，$A_2=\{d,c\}$，所以 $A_1\cup A_2=A$

$$f_1=f\cap(A_1^2\times W)=\{(a,b,+),(a,c,+),(b,c,-)\}$$

$$f_2=f\cap(A_2^2\times W)=\{(d,e,+)\}$$

所以 $f_1\cup f_2\subset f$

这就表明，智慧城市的整体大于部分之和。其原因就在于智慧城市的两个子系统 S_1 与 S_2 之间由 f 派生的两条信息连通通道(b,d, −)和(c,d, +)被切断了。

第三节　智慧城市信息资源整合的因果关系数学模型

大数据是智慧城市建设的一个重要手段。大数据能够解决相关关系，但解决不了因果关系。一个最典型的例子就是，随着小孩年龄的增长，其所穿的鞋子的尺码会越来越大，与此同时，其智力水平也会增长。从相关分析来讲，小孩鞋子的尺码和小孩智力之间无疑具有一定的相关性。但是，这种相关性绝不是因果关系。我们绝不会认为，小孩智力增长是因为小孩的鞋子尺码变大了。智慧城市建设涉及众多因素，各因素构成一个复杂的因果关系网络。如何精确描述这个复杂的因果关系网络并对其进行运筹分析，是智慧城市系统设计信息资源整合研究必须面对的一个重要问题。本节给出智慧城市信息资源整合因果关系分析的运筹原则及其数学模型。

一、因果生克原则

我们首先区分两个结构不同的智慧城市因果关系网络:第一种,在智慧城市的因果泛权网络中,许多条件必须同时满足,即必要条件很多时,就称该智慧城市为大合取系统;第二种,在智慧城市的因果泛权网络中,逻辑权较多地是析取(V)结构,就称该智慧城市为大析取系统。

对智慧城市建设中不同类型的因果关系网络的运筹原则是:低价析取,高价合取。大析取结构的智慧城市只需要满足其中任何一个条件即可,人们当然选择价值和代价最低的。而大合取结构的智慧城市必须同时满足所有的必要条件,人们当然有限选择代价最大的。

二、动态关键序原则

在具有大合取结构的智慧城市中,所有的必要条件必须同时得到满足,因此,就存在一个优先次序的问题。动态关键序原则是说优先次序应当是动态的,在智慧城市建设的不同阶段和在不同的环境条件下,满足必要条件的优先次序应当是变化的。衡量优先次序的标准可以是代价、紧迫性和重要性等,不能无条件地把某一个因素认定为主导因素。

三、因果小环境原理

因果小环境原理的核心是因果小环境的定义。一般来讲,智慧城市建设涉及面很广,涉及的因素众多,在复杂的因果环境中快速理出对智慧城市建设具有直接因果关系的因素,对于智慧城市建设具有十分重要的意义。一般来讲,我们把因果关系为近邻的城市环境称为智慧城市的因果小环境。因果小环境又可以细分为前因小环境和后果小环境。根据前因小环境可以了解智慧城市的潜在内涵及其变化的动力机制，根据后果小环境可以判断估计智慧城市的作用与利弊。

四、智慧城市因果关系的熵化分析

设智慧城市的原始因果关系为：

$f \subset E \times F \times W$

其中 E 为智慧城市的前因，F 为智慧城市的后果，W 为广义权重。设 $\theta \in E_n(F)$，$\delta \in E_j(E)$，$E_n(F)$、$E_n(E)$ 为相容关系全体，则有：

$E = \cup E_i(d\delta)$、$F = \cup F_i(d\theta)$

定义：

$h \subset (E/\delta) \times (F/\theta) \times W$

$= \{(E_i, F_j, W) \mid E_i \times F_j \times \{W\} \cap f \neq \varnothing\}$，$h$ 即为智慧城市的熵系统。熵系统的本质是宏观化处理，相当于物理学中的粗粒化。智慧城市因果关系熵化分析的好处是可以使人们在智慧城市系统设计和建设过程中不过分沉溺于细节，从宏观上抓住主要矛盾。

第四节　智慧城市信息资源整合的生克关系数学模型

在智慧城市的建设过程中，存在许多种生克关系。下面给出几种典型的生克关系类型及其对应的数学模型。

一、智慧城市模块相克模型

建立智慧城市模块相克模型的基本思路就是以不同模块的资源位重叠程度作为不同模块之间相克的数学度量。

设 G 为智慧城市，$R=\pi Ri$ 为与该智慧城市对应的笛卡尔资源空间，$f\subset R\times G$。对于 $x\in G$，$f^{\circ}x$ 即模块 x 的资源位。设 $x,y\in G$ 为两个不同模块，则 $k(x,y)=f^{\circ}x\cap f^{\circ}y$ 即模块 x 和 y 的资源位相克模型。

二、五行生克模型

设 G 为智慧城市的模块集合，$f\subset G^2\times W$，$W=W_1\times W_2$ 为生克测度广义权重。若 (x,y,w_1) 表示模块 x 按 W_1 水平生模块 y，同时，x 按 W_2 水平克 y。这里为了便于比较，假设 $W_i(i=1,2)$ 具有某种广义次序性并有极小元素（广义零元），我们定义：

$$x_1(y)=\{x\mid(x,y,w_1,0_2)\subset f,w_1>0_1\}$$

$$x_2(y)=\{x\mid(x,y,0_1,w_2)\subset f,w_2>0_2\}$$

$$x_3(y)=\{x\mid(y,x,w_1,0_2)\subset f,w_1>0_1\}$$

$$x_4(y)=\{x\mid(y,x,0_1,w_2)\subset f,w_2>0_2\}$$

其中，$x_1(y)$ 和 $x_2(y)$ 分别表示生模块 y 和克模块 y 的模块集合，$x_3(y)$ 和 $x_4(y)$ 分别表示 y 生和 y 克的模块集合。x_1、x_2、x_3、x_4、y 正好是"五行生克"（参见图 2-1）。实际上，这是对智慧城市按照生克关系的一种特殊聚类。

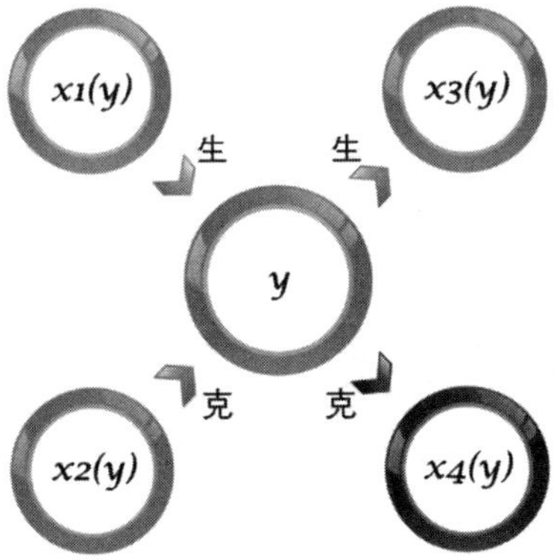

图 2-1　经济系统的五行生克模型示意

现在以下棋为例较为详细地讨论一下生克对策问题。设$\{i\}=\{1,2\}$表示下棋的双方，$W=W_1\times W_2$，$W_1=W_2=\{$赢，输，和$\}=\{V,g,P\}$，则$f(x_1,x_2)\in W_1^2=W_2^2=\{(V,V),(g,g),(P,P),(V,g),(V,P),(P,V),(g,P),(P,g),(g,V)\}$，其中$x_1$，$x_2$分别表示1方与2方的一组策略。显然，实际的结局只有三种，即：

$$f(x_1,x_2)=(V,g)$$

$$f(x_1,x_2)=(g,V)$$

$$f(x_1,x_2)=(P,P)$$

这时，智慧城市的生克性就体现在$D=\{(V,g),(g,V),(P,P)\}\subset W_1^2=W_2^2$上。

三、智慧城市关系生克模型

智慧城市的另外一种典型生克模式是关系生克模型。设有：

$$f_i:G^{\partial}\rightarrow w_i$$

$$g_i:G^{\partial}\rightarrow w_j$$

$$L_{ij}:w_i\times w_j\rightarrow M_{ij}$$

这里$\partial\in\{n[n],*\}$（其中n为A_n，$[n]$为A到A_n的并集，$*$为A到∞的并集）。则有复合：

$$r_{ij}=(f_i,g_i)\circ L_{ij}:G^{\partial}\rightarrow M_{ij}$$

设M_{ij}的聚类水平为：

$$M_{ij}=\cup M_{ijk}(d\theta_{ij})$$

其中θ_{ij}为聚类算子。再假设：

$$\delta_{ij}=r_{ij}\circ\theta_{ij}\circ r_{ij}^{-1}$$

则有：

$$G^{\partial}=\cup G_{ijk}(d\delta_{ij})$$

这里 $G_{ijk} \subset G^{\partial}$ 表示两种智慧城市关系 f_i 与 g_i 之间具有广义权重 M_{ij} 的一种生克关系。M_{ijk} 可以用来描述智慧城市的合理与不合理、优化与劣化、最优与次优等不同的生克程度。

第五节　智慧城市信息资源整合的综合模拟模型

在上述局整关系模型、因果关系模型和生克关系模型的基础上，本书进一步提出智慧城市信息资源整合的综合模拟模型。建立综合模拟模型的第一步就是把现实城市系统按照功能和信息连接的方式划分为不同的模块，然后建立现实模块和智慧城市模块之间的模拟关系。现实城市系统的功能和信息连接方式非常复杂，往往表现为“你中有我，我中有你”的网络。一般来讲，分类是处理复杂问题的基本方法之一：首先把复杂问题进行分类，然后“分类对策”。从认知科学的角度来讲，对事物分类的不断细化，往往意味着对事物认识的逐步深化。所有的分类，都存在对应的分类标准。昝廷全和吴学谋(1993)曾经在《控制论》上发表了《复杂系统的泛系聚类与层次分析》，提出了复杂系统分类的一般方法，这里的 f 代表复杂系统的原始关系，θ 代表分类准则，D 表示权重水平。本书将这种方法应用于智慧城市研究，并把 θ 取为等价关系，也称等价算子。

假设 G 代表现实城市系统，令 $P(G)=\{D \mid D \subset G\}$ 代表现实城市系统的幂集，定义 G 上的恒等关系为 $I=I(G)=\{(x,x) \mid x \in G\}$。显然，$I$ 为 $P(G^2)$ 上的一个元素，即有 $I(G) \in P(G^2)$。设 $f,g \in P(G^2)$，则有 $f^{-1}=\{(y,x) \mid (x,y) \in f\}$，$f \circ g=\{(x,y) \mid \exists t \in G,(x,t) \in f,(t,y) \in g\}$，同时定义 $f^{(\circ)}=I$，$f^{(1)}=f$，$f^{(2)}=f \circ f$，$f^{(n+1)}=f^{(n)} \circ f$，$G$ 上的自返关系、对称关系和传递关系分别为：

$$R(G)=\{f \mid f \in P(G^2),I \leq f\}$$

$$S(G)=\{f \mid f \in P(G^2),f=f^{-1}\}$$

$T(G)=\{f|f\in P(G^2), f^{(2)}\leqslant f\}$

这里 $I\leqslant f, f^{(2)}\leqslant f$ 分别等于 $I\subset f$ 和 $f^{(2)}\subset f$。

则智慧城市 G 的等价关系全体为:

$E(G)=R(G)\cap S(G)\cap T(G)$

则有 $\theta\in E(G)$ 为 G 上的等价关系算子。θ 的具体定义为:

$\theta=(f\cup f^{-1}\cup I)^t$

这里的$(\bullet)^t$等于$(\bullet)$的传递化。

假设现实城市系统 G 和智慧城市系统 G'之间的二元关系为 s,并且 s 可以表示 $S=g_1\circ g_2^{-1}$,这里 $g_1:G\rightarrow g_1(G)$,$g_2:G'\rightarrow g_2(G')$,$g_1:G=g_2(G')$,则我们把 s 称为现实城市 G 和智慧城市 G'之间的硬模拟(参见图 2-2),其满足 $S=g_1\circ g_2^{-1}$。

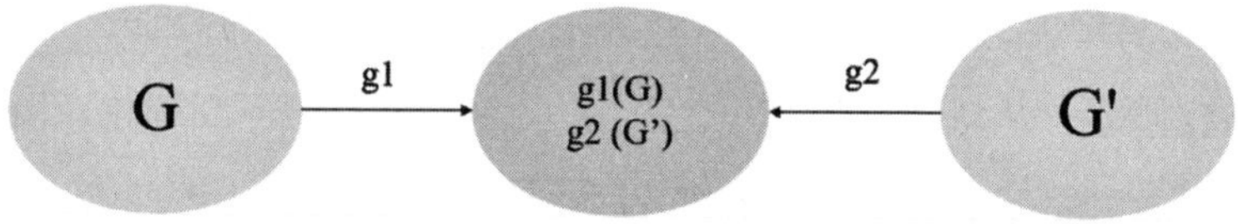

图 2-2 硬模拟模型示意

显然,$x\circ s=\{y|(x,y)\in S\}$,$s\circ y=\{x|(x,y)\in S\}$。

如果有 $x\circ s\neq\varphi$,$s\circ y\neq\varphi(x\in G, y\in G')$,则称 s 为 G 和 G'之间的半硬模拟,或称为隐模拟。

对于 $\theta\in E(G)$,设 $G_i=\max\{D|D\subset G, D^2\leqslant\theta\}$,记为 $G_i\subset G(d\theta)$,其解的全体为$\{G_i\}$,并将$\{G_i\}$记为 G/θ,称为现实城市系统 G 对应于 θ 的熵系统,θ 自然诱导 G 和 G/θ 之间的隐模拟 $f\subset G\times G/\theta$,$(x,G_i)\in f$ 当且仅当 $x\in G_i\subset G(d\theta)$,由此可以推出,$G=\cup G_i$,并且 $G_i\cap G_j=\varphi(i\neq j)$,即不同的模块之间不相交。当 θ 为非等价关系时,依然有 $G=\cup G_i$,但 $G_i\cap G_j\neq\varphi$,即不同的模块之间相互交叉。

从数学上讲,智慧城市信息资源整合对应于信息连通关系,信息连通有很多不同的方式，每一种连通方式对应于一种特定的信息资源整合方式。典型的不同模块之间的信息连通方式有如下三种：①一般连通：$(x,y)\in\theta^{t}\cup\theta^{-t}\cup I$；②强连通：$(x,y)\in(\overline{g^{t}}\cap\overline{g^{-t}})\cup I$；③n 步连通：$(x,y)\in\theta(g^{(n)})$。

一般连通对应于一般意义上的信息资源整合；强连通对应于信息资源的双向整合或称为信息资源的强联合；n 步连通对应于信息资源的链式整合。

第三章　智慧城市系统设计

智慧城市是一个人工系统,智慧城市的系统设计是智慧城市建设的基础和前提。从理论上讲,智慧城市系统设计可以有许多方案,本书在遵循智慧城市系统设计一般规律的基础上,从系统经济学的视角,以信息资源整合为导向,确定了智慧城市系统设计的基本思想和原则。从实际操作的可行性来讲,智慧城市的基本架构可以划分为基础模块和应用模块两部分。由此,本书应用上一章所引进的智慧城市的四大数学模型进行智慧城市系统设计。

第一节　智慧城市的基本架构

智慧城市的基本架构包括基础模块和应用模块两个部分(如图3-1所示)。其中,基础模块包括基础设施体系和运行管理体系,提供智慧城市发展的基础支撑环境。应用模块包括数据融合体系、公共服务体系和整体优化体系,基于统一标准规范,构建智慧基础设施和高效运行的信息系统,打造数据平台、支撑平台、应用平台,实现对城市运行、城市管理、智慧产业等多个领域的更透彻感知、更全面互通、更深入分析和更准确决策,优化资源整合,规范城市管理,理顺运行流程,实现智慧技术高度集中、智慧经济高端发展和智慧服务高效便民。《关于促进智慧城市健康发展的指导意见》中的“公共服务便捷化、城市管理精细化、生活环境宜居化、基础设施智能化、网络安全长效化”五大目标就是智慧城市的整体优化目标。

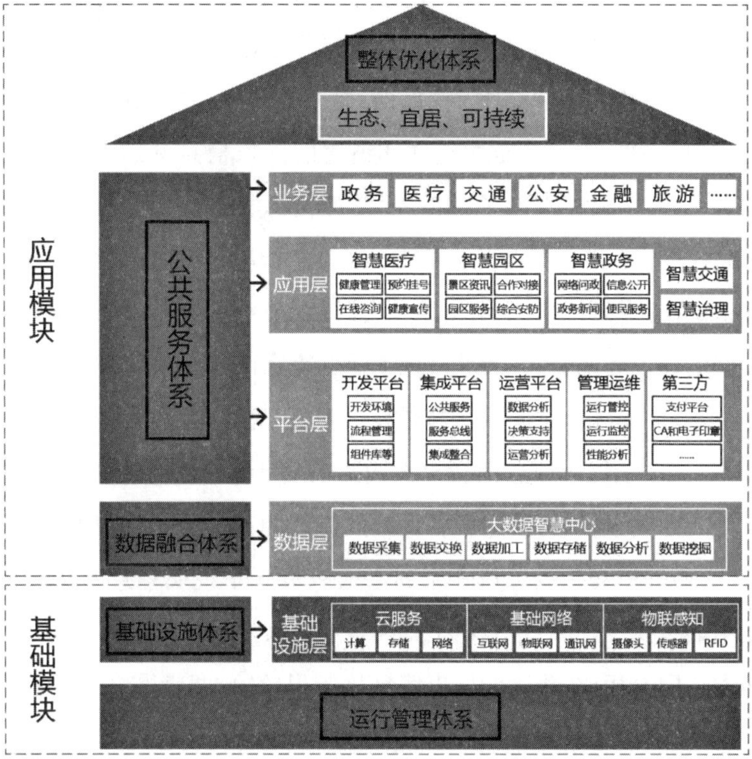

图 3-1　智慧城市基本架构

一、基础模块

(一)智慧城市基础设施体系

从历史上看,我国政府为了刺激经济,通常使用凯恩斯主义干预政策。具体方法就是投资修建高速公路、铁路(高铁)等公共基础设施。

智慧城市的建设程序包括信息采集、信息传输、信息加工处理三个典型的环节。第一环节，布局完备的感知信息网络对人和物的信息进行全面采集，典型的包括各种终端设备和物联网等；第二环节，进行高效准确的信息传输，亦即必须具备高速的信息传输网络；第三环节，对信息进行存储、加工处理、数据挖掘等，这个环节的工作可以结合人工智能来进行。其中，第一和第二个环节都需要相应的“数字基础设施”的支撑。

《国家信息化发展战略纲要》提出，要夯实基础设施，强化普遍服务，加快构建陆地、海洋、天空乃至太空立体覆盖的国家信息基础设施，不断完善普遍服务，让人们通过网络了解世界、掌握信息、摆脱贫困、改善生活、享有幸福。《关于加强城市基础设施建设的意见》指出，当前加快城市基础设施升级改造的重点任务是加强城市供水、污水、雨水、燃气、供热、通信等各类地下管网的建设和改造，开展城市地下综合管廊试点等。《“宽带中国”战略及实施方案》明确未来八年我国宽带发展目标，宽带成为国家战略性的公共基础设施。《关于促进信息消费扩大内需的若干意见》提出，持续推进电信基础设施共建共享，支持公用设备设施的智能化改造升级，加快实施智能电网、智能交通等工程建设。这一系列重大政策无不说明信息基础设施在城市建设中的重要性，同时也表明了其在智慧城市建设中的重要地位。

与发达国家相比，我国的城市信息化历程较短，宽带网络及通信基站布局不均衡、城市整体网速不快等问题也较为突出。此外，城市基础设施老化、智能化水平低，基础软件建设滞后、更新升级难度大，社会网络和信息安全意识不够强等问题较为突出。智慧城市基础设施对于智慧城市，就像电、水、暖、气对于普通城市一样重要。随着5G时代的到来，以5G为标准的数字基础设施将成为决定智慧城市建设的关键因素。因此，要进行智慧城市建设，必须高度重视智慧城市基础设施体系的建设。

（二）智慧城市运行管理体系

运行管理体系是智慧城市正常运营的重要保障。没有高效的运行管理模式，智慧城市就难以实现建设目标。智慧城市运行管理体系是把城市建设成为一个建立在物联网、云计算、大数据、移动互联网等新一代信息技术基础上的智能网络，通过城市的智慧化运行与管理，实现对各类城市主体多样化、个性化需求的智能化响应，推动城市的可持续发展、包容性发展。智慧城市的建设运行应根据城市文化特色和经济社会发展特点，以需求为中心，以市场为导向，以运行效益最大化为目标，选择合适的运营模式，通过信息资源的高效整合，为城市提供综合的信息化、智能化服务。

智慧城市运行管理简单来说就是对城市建设成果的使用。参考著名学者李德仁（2011）的研究观点，借助 ISGBP 模型来进行表述：政府（Government）、企业（Business）、公众（Public）是城市建设的主体，公共基础设施（Infrastructure）是物质保证，各要素之间通过智能化服务（Service）形成充分的协作关系，实现多种资源与管理活动的整合，形成政府统筹协调、公众广泛参与、企业规范经营的协同机制，最终构建一个高层次、立体化、相互交织的智能服务体系（如图 3-2 所示）。

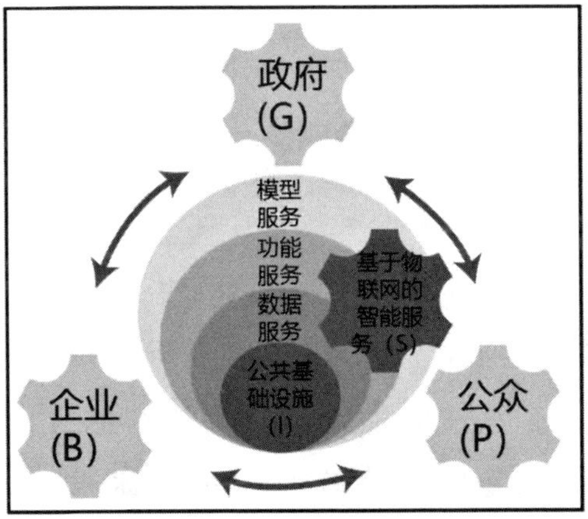

图 3-2 ISGBP 模型

资料来源：根据《地理空间信息》2011 年第 6 期《从城市到智慧城市的理论与实践》（李德仁）一文整理

公共基础设施是智慧城市运行管理体系的基础支撑。它是能够保障智慧城市有效运转,更好地服务城市建设主体的各种设施,主要包括通信基础设施和智慧建筑设施。其中,通信基础设施主要指通信网络,包括无线、固定网、卫星等,以及借助网络进行数据传输的服务器、传感设备、数据中心等一系列硬件设施和操作系统、数据库、中间件等一系列软件设施,它们是智慧城市正常运行的物理基础。智慧建筑设施通常被称为弱点系统,它以建筑为平台,兼备建筑设备、生活便捷自动化及通信网络三大系统。

服务是智慧城市运行管理体系的核心内容。在智慧城市的运行中,物联网、移动互联网等新一代信息技术的服务扮演着重要的角色。ISGBP 模型将服务细分为数据服务、功能服务及模型服务,并提出以物联网为基础的智能服务概念。显而易见,智能服务在 ISGBP 模型中占据着核心地位。而更高级的智慧服务则指通过公共基础设施向城市居民提供的公共产品和公共服务,包括智慧教育、智慧医疗、智慧政务、智慧交通、智慧旅游、智慧水利、智慧体育、智慧就业以及城市基础设施的投资与维护。它能够增强社会保障服务,及时发布社会信息等,为人民提高生活质量和参与公共事务提供有力的保障、创造良好的环境。

政府是智慧城市运行管理体系中不可或缺的主体。政府作为牵头组织者,必须强化智慧城市规划建设、运行管理的全程监管,综合各种应用,集合各类资源,凝聚城市发展合力(徐亮,2013)。在智慧城市的建设运营中,政府的角色会因智慧城市运行模式的不同而存在差异。但是,政府在智慧城市的运行管理中,承担着服务、监督、管理等多重角色。政府在智慧城市系统运行中,既是为城市提供智能化政务服务的主体,也是借助智慧城市系统提升政务办公效率的服务接受者。政府在整个智慧城市运行管理体系中,承担着主要的投资建设、运行管理的使命。

企业和公众是智慧城市运行管理体系的重要参与者。企业是智慧城市运行管理过程中的主要服务提供者之一,也是运行管理体系的服务享受者。企业参与智慧城市运行管理体系为城市居民提供高效便捷、精准智能服务;同时借助智慧城市智能化分析数据的能力,准确把握市场的需求,从而更有针对性地制定产品规划、市场策略、营销方案等。公众既参与智慧城市运行管理,又是智能化服务的重要享受者。澳大利亚昆士兰科技大学城市信息专业教授马库斯·福斯提出:“城市规划要以人为本,满足居民的切实需求。居民参与到城市空间资源分配的设计当中,可以让城市更好地服务于他们的生活。”由此可见,未来城市的重要特性是开放性和灵活性,而公众在城市建设中的重要性将更加突显。

当智慧城市由建设阶段转为运行管理阶段后,其最终目标是将信息科技发展的最新成果深入应用到城市建设和居民生活的方方面面。首先,智慧城市的运行管理体系应满足公共服务需求,为公民和企业提供优良的社会环境。其次,智慧城市运行管理体系应该能提升政府工作效能,降低行政成本;营造便捷高效的发展环境,增强人民获得感;改进公共服务,增强人民安全感;提高城市生活的舒适度,增强人民幸福感。

二、应用模块

智慧城市应用模块永远处于一个不断扩展和不断更新的过程之中,这里主要介绍目前比较重要的三个典型模块:智慧城市数据融合体系、智慧城市公共服务体系和智慧城市整体优化体系。

(一)智慧城市数据融合体系

智慧城市数据融合体系是智慧城市提供智能化服务的根本。智慧城市的数据来源广、类型复杂,数据融合、交叉生成和数据挖掘是智慧城市建设的关键之一。

智慧城市体系结构与之前的数字城市体系结构相比，最大的区别在于其对感知层获取的数据进行了整合，从而获得了支撑和保障智慧城市顺利运行的多元化信息。城市数字化到智慧化的迭代，关键在于实现对各类数据信息的智慧处理。为此，必须提升大数据应用水平，积极运用新兴信息技术，加快城市管理和公共服务信息化，提高城市智能化水平（王枫云，2016）。智慧城市数据融合就是通过一定的手段将位于不同地域的、分散存储和管理的各类信息资源，连接成一个结构有序化、管理一体化、配置合理化的整体，将数据融合在一个平台，实现用数据说话、用数据治理、用数据便民。具体而言，就是依托数据共享交换平台，建设统一的大数据中心，创新信息处理方式和挖掘分析模式，建立基础数据的集中化采集、多主体利用工作机制，实现跨层级、跨部门的业务协同。智慧城市通过深化拓展大数据融合应用，实现信息资源的充分利用与最大增值。

（二）智慧城市公共服务体系

智慧城市公共服务体系是智慧城市建设的重要组成部分。提供公共服务是智慧城市建设最为基础的目标。

智慧城市公共服务体系的核心是高效运用经过基础设施体系感知采集和数据融合体系加工处理的各类信息资源，通过建立智慧城市运行管理平台、调度指挥中心、公共服务平台来汇集善政、兴业、惠民等方面的应用数据资源，促进应用业务的融合交流共享。

一是善政。智慧城市公共服务体系加强了城市管理部门与公众的直接联系，推动城市管理由原来政府主导的封闭式模式向协同治理的开放式模式转变，推动社会管理由过去的重管制向重服务转变，重构了政府与公众之间的互动关系，提高了社会参与度和多元主体协作的紧密度，促进社会各主体充分发挥主观能动性，不断放大协同效应，激发社会活力。

二是兴业。从智慧城市角度出发,站在整个产业智慧化发展的角度理解,智慧产业基本等同于产业信息化的高级阶段,不仅包括应用智慧产品和服务的相关产业,还包括提供智慧产品和服务的产业。提供智慧产品和服务的产业指为智慧应用提供软硬件产品和服务的产业,主要包括以物联网、云计算、大数据等为核心技术的新兴信息产业。智慧城市建设的各种需求能够带动通信设施设备、大数据中心、基础平台等信息基础设施建设提升,加速智慧交通、智慧教育、智慧医疗、智慧安防等建设以及智慧园区开发。正是这些需求所产生的产品、系统以及由此叠加而成的产业,构成了智慧城市产业的基本形态。

三是惠民。惠民服务的建设积极响应国家民生优先的发展原则,紧扣"以人为本"这条主线,通过各种信息化技术和应用,提升教育、医疗、就业、交通、社区管理、社会保障等领域的民生服务能力,推动智慧服务向基层、社区、乡村延伸,促进民生服务的协同、优质、高效发展,让公众享受"普惠、文明、安全、便捷"的信息时代品质生活,不断增强人民群众的幸福感。

(三)智慧城市整体优化体系

智慧城市整体优化体系是实现智慧城市建设目标的保证,即通过信息资源整合达到整体优化,是智慧城市系统设计中各体系在建设阶段的保障措施,也是运行管理的维护屏障。缺少整体优化体系,智慧城市建设就会失去方向,就会偏离正确的轨道。由于智慧城市本身是一个整体、是一个系统,任何一个环节的失误都可能产生连锁破坏作用,正所谓"牵一发而动全身"。

公共服务便捷化、城市管理精细化、生活环境宜居化、基础设施智能化、网络安全长效化作为智慧城市整体优化体系的主要内容,是智慧城市建设的总体方向,也是智慧城市中基础设施体系、运行管理体系、数据融合体系、公共服务体系共同作用的主要目标。

智慧城市建设的基础设施体系是基础支撑。基础设施体系汇聚城市内的各类硬件设施，通过新一代通信技术的广泛串联，构建最基础的数据感知网络，为数据融合体系提供数据流。基础设施体系中的城市基础设施经过信息化、智能化改造升级，依托道路、学校、医院、电网等提供公共服务体系中的智慧交通、智慧教育、智慧医疗、智慧电网等智慧化应用服务，是公共服务体系的应用载体。

智慧城市建设的数据融合体系是关键核心。数据资源是智慧城市建设中最重要的资源，数据融合体系将基础设施体系感知、收集的海量数据转换为科学合理的业务模型，形成城市基础运行能力、城市实时“健康”状态的大视图，形成“全时段、全区域、自动化、多途径”的事件预警网络和协同治理体系，为公共服务体系有效调配资源提供数据依据，为运行管理体系科学智慧决策提供数据参考。

智慧城市建设的运行管理体系是重要保障。智慧城市是一项庞大的系统工程，涉及的应用领域众多，无论是整体智慧城市项目还是单个智慧应用项目，优化运行管理体系都必然贯穿项目谋划、建设、运营全过程。运行管理体系通过城市运行信息的高效集聚以及城市管理指令的及时传递，对其他各体系进行统筹协调。

智慧城市公共服务体系是展示窗口。公共服务体系是集政府公共服务和企业、公众以及社会组织服务于一体的开放式综合性服务体系，通过运用先进技术为城市主体提供及时、互动、高效、个性化的服务。其服务渠道主要依托建立在基础设施体系上的服务终端、感知终端，服务内容取决于运行管理体系的业务需求和数据融合体系的分析结果。

智慧城市建设的整体优化体系是各体系整体功能最大化的目标，是由基础设施体系、运行管理体系、数据融合体系、公共服务体系共同形成的“大系统”的效用最大化的体现。

第二节　智慧城市系统设计概述

一、智慧城市系统设计的基本概念

（一）系统经济学的概念

系统经济学是在系统时代背景下应运而生的一种跨学科新研究，属于系统科学和经济科学相结合的一种交叉科学研究。昝廷全教授于1987年发表第一篇系统经济学的学术论文，迄今已有30多年的历史。到目前为止，系统经济学哲理框架的搭建工作已经基本完成，得到了200多个具有数学形式的新结论，开拓了与国际上已有定评工作具有可比性的10个研究专题：社会系统的星园模型、系统需求理论、系统生产理论、系统产权理论、经济系统的自组织理论、价格形成的信息粗传递理论、资源位理论、特征尺度理论、制度的拓扑理论和基于信息粗传递的博弈论研究。

系统经济学的出发点和归宿点都是经济系统。经济系统是一种典型的人工系统，组建经济系统的目的就是生产养育社会的商品和服务。智慧城市是一种典型的人工系统，系统经济学的许多研究内容和理论结论能够应用于智慧城市研究。随着信息技术的快速发展以及互联网的全面普及，人类社会已迈入网络时代。信息是系统的重要组成元素，系统控制的基础和根本是信息。

系统设计思想的本质是系统化。根据系统经济学观点，经济学研究对象要么是经济系统，要么是正在形成中的经济系统，或者是显化的、待显化的经济系统。系统经济的发展过程是经济系统化过程。经济系统具有两个关键要素，一个是构成系统的要素（或称为模块），另一个是不同要素（或不同模块）之间的关系。这两个要素也是智慧城市系统设计的基本要素。

(二)系统设计的概念及特征

从宏观上讲,系统设计是中国制造的核心和软肋。随着科学技术的飞速进步,我国制造业呈现“哑铃状”发展,即“两头大、中间小”。“两头大”指系统设计和市场营销占比大,“中间小”指制造所占的比例越来越小。因此,中国制造发展的方向就是加强系统设计。智慧城市作为一种人工系统,其核心也是系统设计。因此,系统设计能够解决我国当前及将来在智慧城市建设与管理中可能面临或产生的问题。

系统设计代表的是一种系统思维和全局观念,追求理论规划和建设实践紧密结合,注重对设计对象的准确定位,突出强调优化设计结构,充分协调功能设计与资源整合,将复杂的系统进行逐步拆解和细化。

系统设计主要具有以下几个的特征:

一是系统需求决定性。昝廷全(2014)在马斯洛需求理论基础上,提出了系统需求定律:对于任何的经济系统而言,维持其耗散结构所需要输入的负熵流内在地决定了该经济系统的基本需求;因此,基本需求只能在与其环境的相互联系中才能满足(负熵流本身的含义)。该理论存在个人作为经济系统的极端情况,即把个人看为一个组织化水平最低的经济系统。需求的内在决定因素和客观尺度也在系统需求定律中被指出,由此有可能使传统的基数效用理论“复活”。另外,系统需求理论告诉人们,超过维持经济系统(包括个人)耗散结构所需要的负熵流之外的任何需求都是不必要的,从这个角度可以开展社会治理现代化中系统需求理论的应用研究。

二是整体关联性。进行系统设计应该把握设计总体需求,明确设计的战略目标,以此作为设计的指导方针。系统设计的所有子设计模块或单元都应该紧密围绕这一指导方针,获得对象内部要素之间围绕系统目标形成的有机衔接,达到“整体大于部分之和”的效果,从而实现预期的整体效应。

三是理论、实践的结合性。作为理论规划到建设实践的纽带，系统设计要强调总体规划的理论性、科学性、指导性，突出设计成果的实用性、可操作性。通过建设实践和实际感知的不断升华，总结其可操作、可实施的想法。

四是执行性。系统设计的战略规划需要多主体参与的整体合力才能达成，仅仅依靠政府或者企业组织单方面力量很难实现系统设计目标。

二、智慧城市系统设计的内涵、步骤、目标与意义

（一）智慧城市系统设计的内涵

智慧城市系统设计是从全局出发，统筹考虑影响智慧城市建设的所有方面、所有层级、所有参与主体以及所有正负相关因素而对智慧城市的基本架构进行的系统设计。智慧城市系统设计是对智慧城市规划的延伸细化，也是智慧城市落地实施的前提依据。智慧城市系统设计先要充分考虑相关的环境支持条件，明确智慧城市的建设目标，根据目标选择相应的硬件和软件，建立它们之间的合理连接。总之，智慧城市系统设计能够在智慧城市建设中发挥巨大的作用。

在国家对智慧城市建设发展的大力支持下，全国各地智慧城市试点建设的热潮兴起。然而，有些地区对智慧城市的规划建设把握得并不准确，将智慧城市的系统设计理解为一系列智慧应用系统的机械化堆叠，加剧了信息孤岛和重复建设投资。智慧城市是跨维度、跨空间的复杂有机体，需要各利益相关方共同参与建设。因此，结合区域的个性化特征和资源优势，综合运用标准化、系统化的新思维、新方法，求同存异地分析、探求智慧城市的系统设计，能够为智慧城市的建设实践和运营降低成本，促进智慧城市建设终极目标的实现。

智慧城市系统设计是建立在总体规划基础之上的战略性设计，其目的不局限于城市发展，更着眼于城市发展中的环境改善和体验提升。

（二）智慧城市系统设计的步骤

从系统科学来看，智慧城市的系统设计是以智慧城市的基本模块（包括基础模块和应用模块）作为基础，构建一个广义结构以满足智慧城市建设的各项指标和功能要求。这个广义结构就是智慧城市的基本架构，基本原理是结构与功能之间的关系。结构是实现功能的前提和保证，功能是结构的外在表现。人们通常所说的事物发展变化的机制其实就是结构与功能之间的关系。结构与功能之间的关系主要是信息联系，信息联系的本质就是信息资源的整合。

按照上述思路，可以把智慧城市系统设计划分为以下七个步骤（简称"七步法"）：

（1）构造广义硬件集合：$A=\{a_1,a_2,\cdots,a_m\}$，对应智慧城市建设的各种硬件设施。

（2）构造广义软件集合：$B=\{b_1,b_2,\cdots,b_n\}$，对应智慧城市建设的各种信息模块。

（3）构建广义结构：$S=(A,B)$。

（4）构建智慧城市的环境支撑系统：$C=\{c_1,c_2,\cdots,c_p\}$。

（5）构建智慧城市的广义功能和各项指标系统：$D=\{d_1,d_2,\cdots,d_p\}$。

（6）构建智慧城市的广义机制：dE/dF（E 与 F 之间的广义变变关系），$E,F\{S,A,B,C,D\}$。

（7）根据智慧城市建设的不同指标要求和功能优化，进行结构优选。即变化加减某些 a_i（或 b_j,d_k），因而加减某些 b_j（a_i,d_k）与 d_k（相应 a_i,b_j），由此实现结构与功能之间的优化，即通过信息资源整合实现智慧城市的功能优化。

在智慧城市的实际建设过程中，可以先通过聚类进行宏观化处理，然后再进行关于信息资源的整合与优化分析。如果将 A 称为广义表，B 称为广义里，也就相当于先对 A 和 B 进行聚类分析，即有：$A=\cup A_i(da)$，$B=\cup B_j(db)$。同理，也可以对智慧城市的功能和各项建设指标进行聚类，即有：$D=\cup D_j(dd)$，由此得出：$(A_i, B_j, D_k)\rightarrow dE/dF\rightarrow(A_i', B_j', D_k')$。聚类，即把同类元素变成模块分析，对应下文系统树第一部分“区块子系统”。通过信息传播与信息连接把元素分类，体现了系统经济学的本质。

（三）智慧城市系统设计的目标

一是加快新型城镇化步伐。智慧城市建设是不断实践与探索，最终实现目标的过程。在我国城市发展的当前阶段，智慧城市的建设顺应了城市化的潮流，对于城市发展有着重要的意义与积极的推动作用。《国家新型城镇化规划(2014—2020 年)》明确将智慧城市作为提高城市可持续发展能力的重要手段和途径。我国目前的城市规划与设计是在政府统筹管理下，以既定目标为原则进行的传统模式。未来的智慧城市建设应该从传统模式转变为以解决城市问题为动力、服务城市为目标、以人为本为原则的更加高效与智慧化的综合发展。

二是构建城市协同规划体系。我国目前的城市发展面临规划体系的各种问题，如规划体系错乱、规划编制各自为政、规划内容交叉重叠、规划成果局限空翻、规划实施效率滞后等，严重影响城市健康发展。其根本原因是多部门多指导下的管理体制出现问题。因此，智慧城市的管理规划体制应当更加智慧化协同，才能保证智慧城市建设的顺利进行。其本质就是在现有的法律法规、行政体系和工作框架下，有效衔接经济社会发展总体规划、区域发展战略规划、城乡建设规划、行业发展规划等，在其中发现需要协调的领域，并以分层管理、系统合作为目标建立智慧城市规划体系。

三是明确智慧城市建设系统路径。智慧城市建设是一个复杂的系统工程，其基础与本质是信息资源整合，理念是可持续发展。目前的城市发展还是在信息化的框架内进行城市建设，然而未来的城市发展应该跳出这样的传统框架，统筹安排，寻找协同、协调的城市建设与发展的新思路，从智慧城市的视野出发，即从信息通信科技集成的角度出发，审视政府、社会、商业等关系；以解决城市问题为驱动力，坚持政府主导下的统一领导、统一行动，避免出现各自为政、重复建设等现象。在城市建设与发展中，我们应构建统一的智慧政务平台，用电子与移动技术，打破各部门的信息孤岛，全面贯彻“整合”的理念，改变一直以来的条块管理体制，构建部门协同、多方参与、空间优化的城市发展思路，实现资源的高效整合、开放共享与广泛利用，满足社会、市场多样化的需求。坚持以人为本，从个人、企业的意愿与需求出发，了解其生存现状、发展要求、活动规律，发现需要解决的问题，并通过资源的智慧调配提升人民生活的幸福感以及城市主体的满意度。同时，结合国家政策综合考量路线规划以及方针制定，使智慧城市发展符合国家发展方向与需求，从而使城市发展的竞争力得以提升，并符合可持续发展的理念。

四是实现信息资源整合共享。现代社会科技的发展为信息资源整合提供了基础，随着物联网、大数据的出现，信息资源向互联互通与共享的方向进一步发展。至此，人类社会的活动范围得到扩大，活动类型也更加多样化，所有复杂的信息活动，通过高科技、互联网，以数据的形式进行整合与传递。然而，现有的数据体系存在不完善的情况，主要表现在数据库繁多冗杂、数据关联度低、传送效率差以及成本过高，因此很难对社会问题进行实时监控与解决。例如，交通问题、民生问题、环境问题等不能统筹勘测与数据整合，无法做出资源调配与响应。因此，为实现全方位数据与信息整合共享，需要搭建不同层级的数据平台，建立统一的大数据库，并坚持以人为本，深化与人们需求关联度高的重点场景的智慧化应用，提供更加符合人们需求的便捷高效社会服务。具体包括保障信息准确可靠、加强信息资源整合、提高信息资源利用率、维护网络与信息安全、加强信用体系建设、完善法规标准等举措。

(四)智慧城市系统设计的意义

智慧城市旨在为城市系统中的居民、企业和政府等大大小小的个体和组织提供便捷、高效、智能的服务,改变城市居民的生产和生活方式。系统设计服务于众多的建设规划者、研究学者和工程师等,帮助其从全局的视角出发,为利用有限的资源实现某一核心目标或理念而进行整体统筹规划和设计。智慧城市与系统设计相互促进并互为依赖。

系统设计是智慧城市建设的重要保证。在缺乏科学有效的系统设计的情况下,各部门各自为战、重复建设和信息孤岛现象严重。没有系统设计,没有统一的建设标准,就无法实现信息共享和信息资源整合。因此,智慧城市建设在伊始就应该从全局的角度出发,加强系统设计,系统性、整体性推动建设进程。如果将整个智慧城市类比为一个超大型的企业集团,那么为这个“大集团”设立首席信息官(CIO)就很有必要。CIO 可以由单独个体担任,也可以由政府、企业和市民公认的工作机构担任,但其必须能够围绕信息、业务、系统以及技术等架构对政府、企业、公众、社会组织等进行统一的系统设计。另外,还需要通过系统设计设立城市共性的技术体系,建设公共信息平台,规范城市各部门、各系统、各领域、各行业的软件、接口和标准体系,强化城市各领域的信息资源整合,促进政府、企业和公众之间的协作和信息共享(程俊等,2014)。

智慧城市是系统设计成果的集中展示。系统设计应回归智慧城市建设的本质要求,明确蓝图和计划,让智慧城市不再雾里看花。热爱城市是建设好智慧城市的基础,城市管理者需要转变思维,排除阻力,将建设智慧城市的初衷回归到提升政府智能管理能力和城市品质水平的道路上来，力戒智慧城市建设“空心化”。坚持战略引领、问题导向、需求驱动，制定切实可行的智慧城市建设蓝图。城市决策者通过系统设计掌握未来城市发展方向、时间安排、投入预算等；职能部门通过找准业务发展目标，优化相关业务流程；企业要能找到突破口，配合政府参与智慧城市建设。通过智慧城市系统设计，将建设内容分解细化为不同的单项任务，实现分阶段、渐进式的项目建设；通过构建协调机制，加强部门之间的分工协作，避免因单一部门主导建设而造成的问题和缺陷。

系统设计是指导智慧城市建设的新路径。智慧城市建设应以系统思维着眼全局，避免信息孤岛和重复建设。当前的智慧城市建设总体上还处在试点摸索阶段，特别是软件、接口、体系标准等关键要素需要一个全面系统的技术模型去规范。基于条块分割较为明显的行政体制，如果缺少整体性的系统设计指导，智慧城市建设仍将难以摆脱信息孤岛问题的困扰。管理者应当通过系统设计来规划建设路径；建设者应当通过系统设计来制定系统的目标、架构和功能要求，避免设计局限化，要做好政策规划与技术实施两个层面的系统设计；各行各业通过系统设计保证信息化建设的开放、融合和服务，从而实现充分的信息资源整合和共享。系统设计能够指导共性平台的统一建设和标准规范的制定，确保平台的兼容性和扩展性，达到整体大于部分之和的效果。

第三节　智慧城市系统设计基本思想与实现路径

一、智慧城市系统设计的基本思想

智慧城市系统设计的总体思路是坚持以人为本的“大系统”理念，以用户为根本、以问题为导向、以大数据为核心、以技术为支撑。规划方针以民生服务便捷化、社会治理精准化、社会经济绿色化、城乡发展一体化为基本目标；以创新体制机制和数据资源开放共享为基本思路与原则；以分级分类推进和安全可控为基本方法和要求；推进新一代信息技术与城市发展的高度融合，促进人与自然、人与社会的可持续协调发展的智慧城市高级形态。智慧城市建设的“大系统”理念可以从四个方面去把握。

（一）坚持系统思维

智慧城市建设涉及范围很广，并不仅仅涉及城市建设，还涉及经济、政治、文化、生态环境等多个方面，是一个典型的复杂系统工程。智慧城市建设的目标本身不是单一的指标，不同的指标之间存在复杂的生克关系。智慧城市是一个人工系统，存在不同的层次关系和不同层次之间的过渡与演绎生成。任何智慧城市都是存在于特定的时空框架和特定的自然历史环境之中的。兼顾如此多方面、多层次和复杂的环境，从客观上要求智慧城市建设必须坚持系统思维。

（二）强调“整合为王”

“系统时代，整合为王”是昝廷全于 2001 年在系统经济学资源位理论基础之上提出的一个“警句”，旨在强调系统时代与传统工业时代在价值观上的区别。在传统工业时代，衡量企业家能力的一个重要指标就是他的“圈地”能力。而在系统时代，衡量企业家能力的标准转变成了资源整合能力。能够整合多少在所有权意义上不属于自己的资源，才是系统时代衡量企业家能力的关键指标。“系统时代，整合为王”在智慧城市建设中具有两重含义：一是智慧城市内部的资源、特别是信息资源的整合问题；二是外部环境资源的整合问题。本书在系统设计的数学模型中对此有专门的描述。

（三）优化支撑系统

前面已经论述了支撑系统对智慧城市建设的重要性。优化支撑系统指优化智慧城市建设目标、硬件系统、软件系统与支撑系统之间的关系，本书在系统设计模型中提出了优化的具体数学方法。从宏观上讲，典型表现为充分利用市场这只“无形的手”和政府这只“有形的手”，以及与自然生态环境的协调发展等。

（四）协调媒介要素

孙俨斌（2014）认为，社会资本存在于社会关系之中，媒介作为社会信息传输机构，交往触角延伸到社会的各个层面，占有强势的“结构洞”。由于处在社会交往关系链中的高端位置，媒介握有丰富且有价值的社会资本。因此，必须要重视媒介在系统设计中的作用，尤其是在信息整合中的作用，因为媒介的“结构洞”可以有效地吸纳有价值的社会资本。

二、智慧城市系统设计的实现路径

智慧城市系统设计应根据系统设计思想，紧密结合城市发展战略目标，以全局视角统筹考虑智慧城市的各类资源、各组成要素、各层面、各参与力量，突出城市运行与发展的关键资源要素。以智慧城市基本架构为技术架构，统筹智慧城市基本模块（基础模块与应用模块）中的五大体系结构与功能，本书提出以信息资源整合为导向的智慧城市系统设计的“系统树”模型（如图 3-3 所示），为新型智慧城市建设系统设计提供思路。

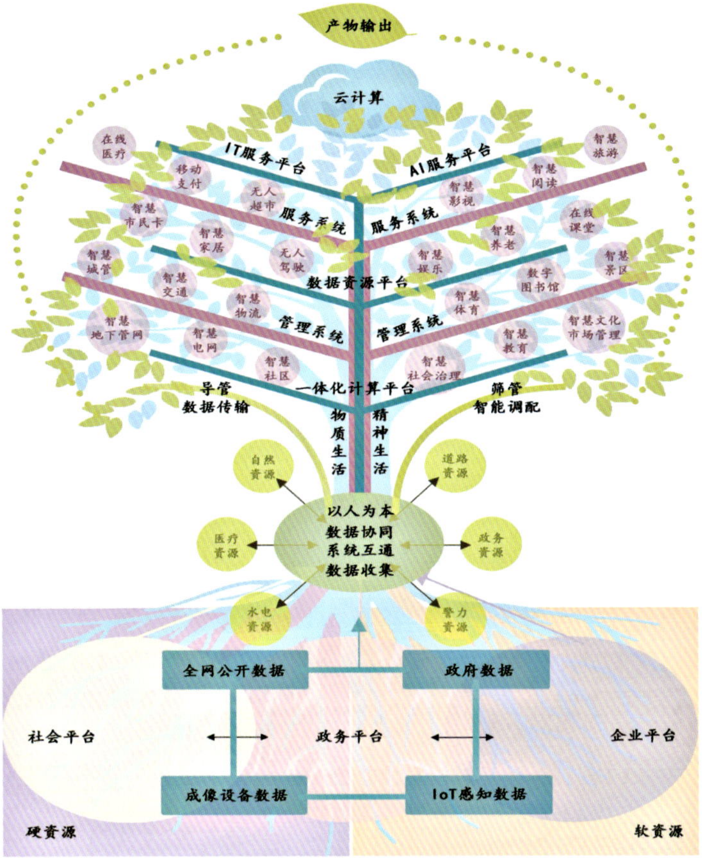

图 3-3 “系统树”模型

(一)“系统树”模型的构建

智慧城市“系统树”模型是在前文所述智慧城市信息资源整合的四大数学模型与智慧城市系统设计“七步法”的基础上，由智慧城市基本架构衍生并演化而来的。其基于系统经济学理论和资源位理论研究，坚持以人为中心，坚持以人的需求为导向，强调把信息资源整合贯穿智慧城市系统设计始末，从对城市中数据资源的感知收集，到对海量信息的集成重组，再到围绕人的需求开展信息资源的智慧化分享和利用，最后实现智慧城市的整体优化。

“系统树”模型由互相关联,互为补集的四个系统子体系组成。每个单独的子系统在结构和功能上分别对应树的功能部位:根系对应区块子系统(数据模块构成),枝干对应层级子系统(信息数据处理的层级结构),果实对应应用子系统(企业、政府与社会的数据应用),输导组织对应循环子系统(信息传播与信息资源整合)。这些子系统互为因果,并且当四个子系统形成整体后会成为机制完整的“大系统”。这正体现了本书第二章所述的四个数学模型原理。

局整关系模型:四个子系统各自独立,都有完整的功能机制,而且开放关联,相互作用。当四者结合后,整体系统的效率更高,机制更健全,能够更好地体现“大系统”所在。因此,整体的作用大于局部。

因果关系模型:四个子系统互为因果,每个独立子系统中的元素也互为因果。以数据来源部分为例,同一个数据库,按照不同分类方法可以成为不同子系统中的数据来源,让四个子系统关联度增高;此外在每一个子系统中,不同来源的数据也互为因果、相互作用,才能使这些元素组成一个整体。

生克关系模型:各个子系统之间,各内部元素之间不仅相互促进,也会相互抑制,一种资源的增多会导致其他资源的减少以寻求系统的平衡。本书会在第四部分循环子系统中详尽阐述该模型。

综合模拟模型:综合模拟模型是在前三个数学模型的基础上构建而成的,智慧城市本身是一个信息模拟系统,综合模拟模型是把现实城市系统按照功能和信息连接的方式划分为不同的模块,然后建立现实模块和智慧城市模块之间的模拟关系。因此可以说,“系统树”模型就是综合模拟模型的具象化表现。进一步来说,综合模拟模型包括模块模拟、结构模拟和观控模拟三个层次。其中,模块模拟对应“系统树”模型中的不同模块(子系统),结构模拟对应“系统树”模型中不同模块、不同子系统之间的关系,观控模拟对应“系统树”模型中的各种应用。从理论意义上讲,智慧城市和现实城市之间存在多种信息模拟关系，而不同模拟对应不同的智慧城市建设方案。因此，应用综合模拟模型指导“系统树”模型对智慧城市进行系统设计就是寻求智慧城市建设的最优方案。

1. 根系——区块子系统（数据模块构成）

树的根系从土壤中汲取营养，对应“系统树”从数据库中收集数据（如图3-4）。

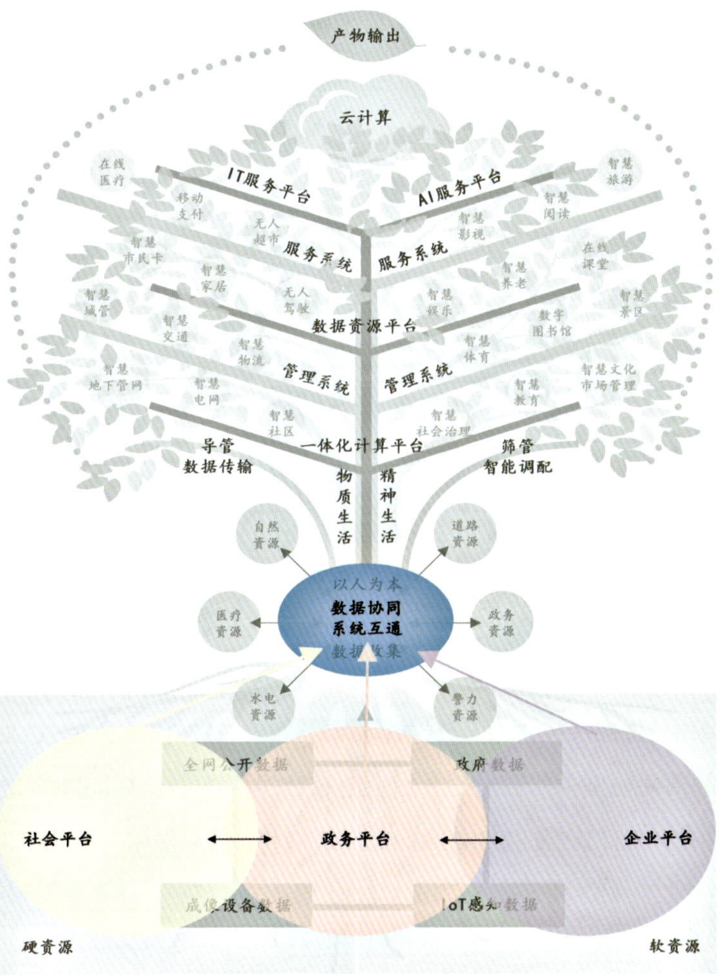

图3-4 “系统树”区块子系统

将数据库中的数据按照区块划分,可以分为社会平台、政务平台和企业平台三部分。三个平台之间可实现系统互通。每个区块内,也可以设有子区块进行数据收集。以政务平台为例,国家级政务平台可从省级政务平台调取数据,省级政务平台也可以从市级及以下政务平台调取数据,以此类推。按照区块收集数据可以提升收集效率,并实现数据协同。

2. 枝干——层级子系统(信息数据处理的层级结构)

按照枝干结构,“系统树”进行数据处理的层级也可以被表示(如图3-5)。此系统对应数据收集与融合处理体系,依托大数据中心或城市大脑等平台,运用大数据、云计算、人工智能等新一代信息技术,对海量数据资源进行重组重构,将原始数据处理成为城市运营和管理可利用的数据信息。数据层架构设计主要是建立数据模型、描述信息流程,并依据业务架构分析信息的整合、共享、高效利用方式,进而实现信息资源的整合重组和业务流程的优化重构,提高信息共享能力。

数据库中的数据按照类型与来源可以分为:全网公开数据、政府数据、成像设备数据和IoT感知数据四种类型。数据在被收集后,进入数据处理层级平台。一体化计算平台为“系统树”提供足够的计算能力,支持全量城市数据的实时计算与视频实时分析。数据资源平台实时汇聚全网数据,使数据真正成为资源,保障数据安全,提升数据质量,通过数据调度实现数据价值。IT服务平台与AI服务平台是数据处理的最高层级,人工智能通过深度学习技术挖掘数据资源中的金矿,让城市具备思考的能力,通过IT处理使数据资源的消耗换来自然资源的节约。与植物进行光合作用同外界交换物质的原理相似,云计算后的数据产物与消费端产生相互作用,消费端即可提取有效的信息。

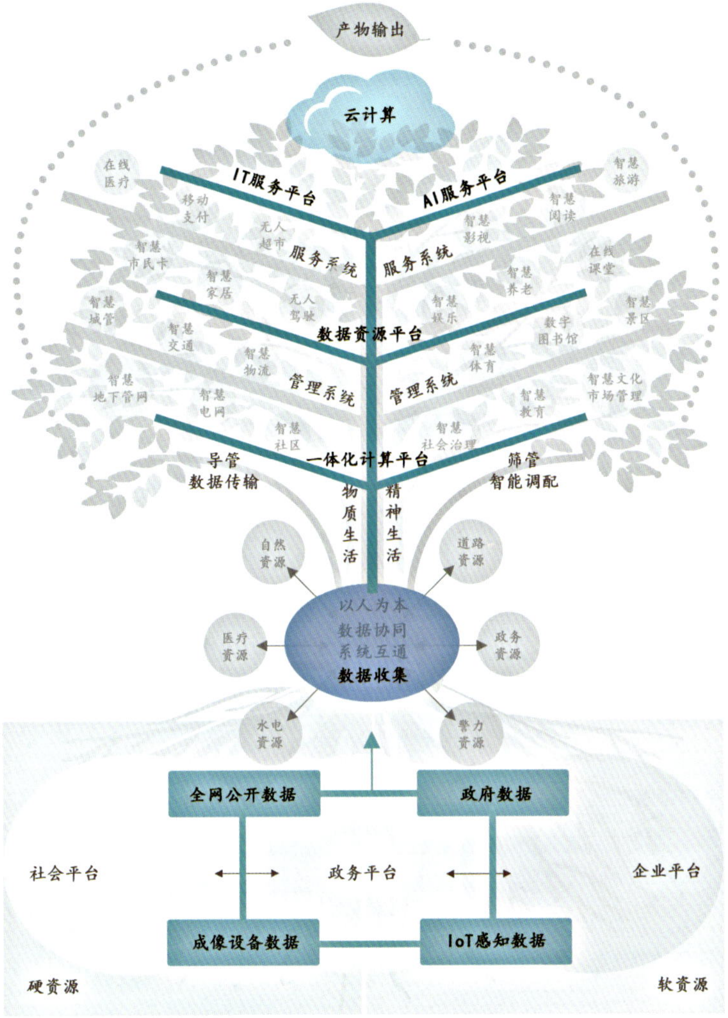

图 3-5 “系统树”层级子系统

3. 果实——应用子系统(企业、政府与社会的数据应用)

果实是“系统树”的产物,即收集数据并处理后的应用方向(如图 3-6)。

根据资源位理论,基础设施体系数据主要收集城市中的硬资源和软资源,硬资源包括城市道路、建筑物、市政设施、汽车、家具等静态资源,软资源

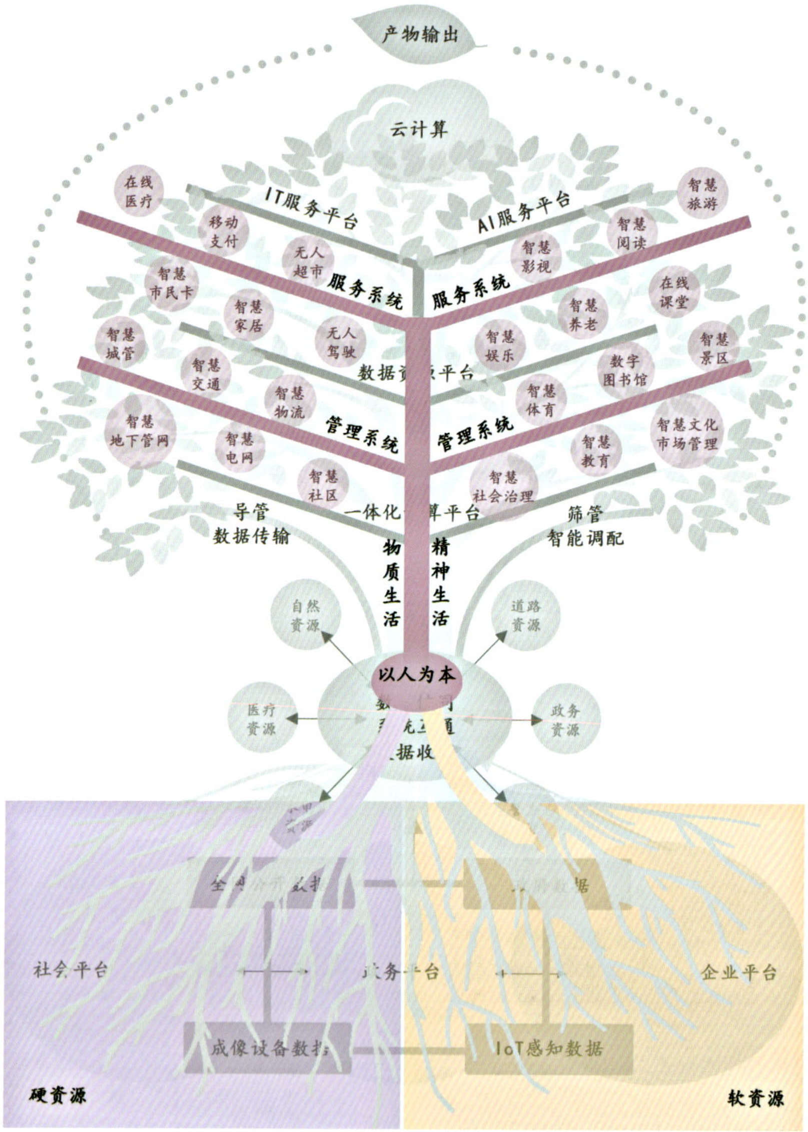

图 3-6 “系统树”应用子系统

包括城市中的数据资源、科技资源、知识资源、人文资源、市场资源等。智慧城市基础设施体系系统地把物理资源及其性能特征与业务架构及由数据架构所定义的标准要求联系起来,形成人口数据库、法人数据库、基础设施数据库、业务职能数据库等数据库群。

果实对应公共服务体系,从管理、服务两个层面进行信息数据的挖掘、利用,满足人的物质生活需要和精神生活需要。智慧城市的公共服务体系基于信息技术的综合性、智能化应用生态,集政府公共服务和企业、公众以及其他社会组织服务于一体,最大限度地调动各类社会主体参与公共服务的积极性。它也能够通过先进技术的广泛运用,为各类主体提供高质量、高效率、个性化的服务。智慧城市公共服务内容包括教育卫生、文化体育、休闲娱乐、就业创业、交通出行、社会保障、社区生活、金融服务、商业、物流、保险等。智慧城市的管理服务渠道涉及开放式服务平台、移动终端 App、社交媒体等,管理服务方式由以往“粗放化”管理、“被动式”服务向“精细化”管理、“主动式”服务转变,管理服务内容也由过去侧重满足人的物质需求向均衡满足人的物质、精神需求转变。

4. 输导组织——循环子系统(信息传播与信息资源整合)

植物的输导组织由导管和筛管组成,导管自下而上运送根部吸收的水和无机盐,筛管自上而下运送光合作用产生的养分,供根生长以及更好地吸收。“系统树”收集数据并处理后,产物将与消费端进行交换,从而根据消费端的需求收集所需要的数据(如图 3-7)。因此,产物的输出将指导资源的智能调配。以自然资源、医疗资源、水电资源、道路资源、政务资源、警力资源等资源为例,若消费端的指令是收集医疗资源数据,“系统树”接收讯号后,将会指导根系调配更多的医疗资源,少分配一些其他方面的数据。因此,循环子系统是一个反馈调节的体系,相生相依并相互作用。在智能调配的作用下,资源增加不可避免地导致其他方面的减少,即存在抑制作用。因此,循环子系统是相生相克并存的系统,是生克关系模型的体现与应用。

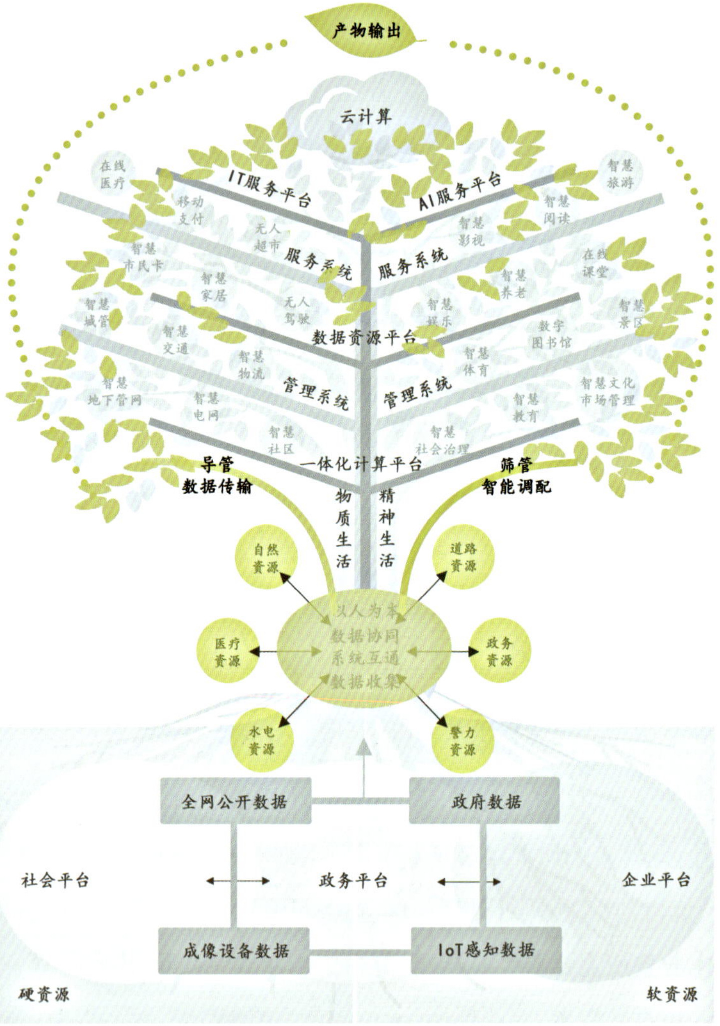

图 3-7 “系统树”循环子系统

（二）“系统树”模型的理念

一是突出了以人为本思想。大多数的智慧城市研究侧重于信息技术的运用，我们认为智慧城市应该是适合人全面发展的城市。“系统树”模型聚焦以人为本,强调满足城市主体的全方位需求,突出围绕人的物质、精神等需要开展信息资源整合、利用、共享,设计系统化的应用项目,避免出现"重建设轻应用""重技术轻需求"等问题。

二是秉承了系统设计理念。"系统树"模型以系统设计思想为指导,以智慧城市信息资源整合的四大数学模型与智慧城市系统设计"七步法"为理论基础,以智慧城市基本架构为技术架构,注重以全局性观点、系统性思维把握智慧城市建设,避免建设出现碎片化、简单化、浅层化倾向。

三是强调了信息资源整合。"系统树"模型从系统经济学中的信息资源整合入手进行分析,强调打破信息孤岛,将数据的感知、采集、存储、分析、重组、展现、交互、应用等全流程融入智慧城市建设全过程,为城市管理者的科学化决策和精细化管理提供支撑,为向城市主体提供精准化、个性化服务奠定坚实基础。

四是维持了建设管理均衡。"系统树"模型既重视大数据、云计算、5G通信、人工智能等新一代信息技术在智慧城市建设特别是信息资源整合中的运用,又强调以人为本的理念,即智慧城市建设要以人民需要为前提,避免"见物不见人"。

五是实现了循环与可持续。从系统经济学视角来看,信息的整合与传播实质是一个循环体系。整合处理过后的信息作用于消费端,也重视消费端的需求。"系统树"会根据消费端的反馈智能调控信息的整合,信息与数据的智能与循环利用,实现了可持续发展的目标。

(三)智慧城市的系统设计

1. 智慧城市区块子系统的系统设计

打造智慧大脑,横向打通政府各部门的业务壁垒,纵向实现从基层应用到中层监测管理再到高层决策的整体链路,建设涵盖数据整合、数据融合、数据联勤的“一体化”大数据智慧中心，支撑城市经济运行的态势监测、协同运转和智慧决策，逐步实现城市管理智能化。

一是构建市域一体化数据采集平台。建立以数据共享为目标的基于指标管理的基层政务信息采集机制，规范各委办局业务基层数据采集需求，构建区域一体化数据采集平台，实现“数据一次采集，数据多方使用”。

二是加强基础数据资源建设和数据管理。统筹推进城市基础数据资源建设，完善人口、法人、空间地理等基础数据库，强化数据整合，推进共享交换和业务协同。

三是稳步推进数据资源共享开放。打造统一的市级政务数据共享交换体系，实现各部门间的数据共享和业务协同。

四是有效促进大数据整合利用。以产业发展、惠民服务和政务效能提升为导向，加强产业经济、公共服务、政务管理等各个领域的大数据综合分析和深度挖掘，促进数据资源在各个应用系统间有序流动、高效配置和充分利用。

2. 智慧城市层级子系统的系统设计

深度整合政务部门网络和软硬件资源，构建统一的安全基础设施，提供便捷、高效、低成本、高可靠性的信息基础设施保障，加速城市公共设施的智能化升级改造，夯实城市发展的智慧基础，进一步提升现代城市功能，是智慧城市层级子系统的基本目标。智慧城市层级子系统的系统设计内容如下：

一是完善城市公共通信网络。城市地区扩大光纤到户覆盖范围，农村地区推进宽带乡村工程。加快无线城市建设，扩大公益无线网络覆盖范围。推进 4G + 移动宽带通信网络布局和商用发展，鼓励和支持 5G 等下一代通信网络建设。

二是推进统一政务网络建设。进一步推进政务内网外网的统一建设，推动电子政务外网平台对政务部门非涉密业务的全覆盖。将城市非涉密业务专网逐步迁移到统一的电子政务外网。

三是加快云服务中心建设。构建涵盖基础设施、共性平台、通用软件的云服务中心。加强云平台服务，建设部署统一的基于位置服务、物联网服务、移动应用、数据共享交换、大数据分析、政府数据开放等的共性服务。

四是统筹智能城市运行基础设施建设。结合市政管理、交通管理、气象安全监管、城市运行等领域需求，统筹部署视频监控、位置感知、身份识别、环境感知设备，加强卡口、移动终端采集设备、智能化监控识别、城市部件、移动执法设备等物联网终端建设，重点加强智慧路灯等智能基础设施建设，建立城市物联网综合管理系统，有力支撑智慧城市各领域的智慧化应用。

五是完善信息安全基础设施建设。推进城市地下综合管廊建设，统筹各类基础设施，对供热、供水、排水、排污、电力、照明、环卫等市政基础进行智能化改造，提高物联网感知和实时监控水平。建设城市基础设施公共管理系统，推进市政综合网络数据资源可视化，实现辅助审批、智能分析、共享服务、在线监督、监控预警、突发事故应急管理和信息发布等功能。

3. 智慧城市应用子系统的系统设计

智慧城市应用子系统有利于创建高效、透明、法治政府，高度推进智慧政务建设，推动跨部门和层级的信息共享和业务协同，打通政府内部管理和对外服务信息化，提升智慧决策水平和治理能力，打造智慧城市背景下的线上政府，提升城市善政水平。促进互联网经济与传统经济融合发展，推动产业结构向中高端迈进，加快新型工业化、农业现代化与现代服务业的融合发展，培育城市宜商宜创的产业环境。大力整合民生服务信息和服务资源，促进行政、公益和市场机制有机融合，以民生体验为导向，提升惠民服务水平，提升城市宜居、宜游的服务保障能力。

其系统设计主要包括以下三个方面的内容：

一是发展智慧政务，促进政府施政透明高效。推进并联审批建设，集成各部门审批业务,横向联通所有政府审批部门,加强覆盖多层级的并联电子审批能力,提高行政审批效率,实现政务服务事项要素统一。建设全市统一、覆盖各部门的协同办公平台,制定全市统一的政务协同机制,加强办公自动化等共性系统建设和各部门之间的业务协同,提升政府协同办公水平。加快建设网上办公大厅,提高办公效率。统一政务信息公开,加强政民互动、在线办事功能建设,通过"两微一端"、门户网站等方式丰富服务渠道和服务方式,提高政务服务的针对性、有效性,改善和提升政务服务水平。加强智慧城管建设,整合市场监管、公安、住建、交通、卫生、人社、环保等城市管理职能的各方面力量,建成涵盖城市管理、行政执法、应急指挥、环境保护、城市规划、违法建设防控、市政基础设施管理等的城市公共管理平台,实现基于网格的"人、地、事、物、情、组织"的全要素管理。推进智慧监管建设,健全完善市场监管体系,建立跨部门协同监管工作机制;利用物联网等先进技术,加强食品、保健品、循环经济工业制品的全监管信息化建设。完善对危化品企业、重大危险源的远程实时监控。充分利用大数据思维,运用知识化、模型化、可视化、智能化等技术手段提升政府科学决策水平。推进跨部门协同联动的决策机制建设,提高决策过程的社会参与程度。

二是发展智慧产业,加强重点产业培育引导。大力推进智慧农业,整合涉农服务资源,加强农村综合信息服务平台建设。促进农业生产经营技术创新和制度创新,加快精准农业、生态农业、城市农业、休闲观光农业发展。完善农业农村信息服务体系。加快发展智慧旅游,加强公共园林和核心景区智慧化设计和建设,推进特色旅游品牌建设。以特色旅游为抓手,带动休闲娱乐和养老产业发展,建设生态宜居旅游城市。重点发展电子商务,以发展城市循环经济等特色产业及农产品交易电子商务为重点,将线下优势打造到线上;加快信息交易平台建设;以 B2B 平台为重点鼓励打造电子商务交易平台,加快物流配送平台、公共服务平台等配套建设。推进智慧园区发展，加快园区管理信息化建设，构建智慧产业园；全面提升面向园区内外的智慧园区服务水平；结合园区产业实际，建设涵盖主要产业的、全面高效的、动态的园区及企业在线监测平台。提升循环经济产业竞争力，在可持续智慧城市建设中实现循环经济，通过信息化技术提高生产过程的资源利用效率以及实现废物循环利用和合法处置，实现投资收益最大化。提升创新创业能力，发展电商交易、互联网金融、现代物流、信息咨询、创意设计等创新创业服务环境，鼓励构建众创空间等创新创业孵化器，完善投融资机制；优先引导和扶持惠民信息产品和服务。加快政府数据开放，鼓励企业参与大数据采集汇聚、处理和利用，促进技术、产品和商业模式创新，在产业链薄弱环节重点引进和培育专业数据处理企业。

三是发展智慧民生，保障民生服务惠普便捷。加强智慧社区建设，利用信息化手段整合基层社区事务管理和服务资源，有效实施社区网格化管理，全面提升社保、就业、教育、医疗等各类便民信息服务水平，推进基层社会治理与公共服务融合发展。提升智慧健康服务，推进医防融合，推进各级医疗卫生机构信息系统的互联互通以及电子健康档案、电子病历等数据资源的开放共享，实现远程医疗；推进新型医疗卫生服务及管理模式的持续探索。提升智慧教育水平，推动信息技术与教学过程深度融合，大力推进面向大众的免费公益教育服务。推动智慧养老事业，建设城市统一的养老服务信息系统，建立城乡全覆盖的养老服务体系，吸引社会资本参与养老服务。充分利用物联网等技术，建立覆盖全市的环保监测体系，构建全向互联的环保感知网络，加强移动终端在智慧环保体系中的应用。推进市民卡建设，在社保卡基础上整合城市医保、新农合、城市交通、医疗健康、文化旅游、电子政务、社区服务、小额支付、公共事业代收费等信息系统和相关服务，建设统一的市民卡系统。整合城市现有教育、交通、公安、医疗、民政、旅游、住房、信用等领域信息资源，构建市民综合性移动信息服务门户。

4. 智慧城市循环子系统的系统设计

鉴于智慧城市是一个模块和各部分之间存在相互关联的整体，智慧城市循环子系统需要从思想认识、技术标准、组织实施、体制机制、要素保障等层面多管齐下、综合用力，全面搭建起各体系互联互通的桥梁。

一是增强社会认同。深化智慧城市建设的整体优化研究，理论上的成熟是行动上的保证。组织智慧城市建设专题培训和业务辅导，加大智慧城市宣传密度和力度，广泛开展智慧城市相关知识宣传普及和建设成果集中展示，让智慧城市建设家喻户晓。

二是强化政策引导。制定完善相关政策措施，发挥财政资金的导向作用，鼓励引导智慧城市领域的新技术、新应用、新模式、新业态加快发展，加大对智慧城市领域相关项目、企业、产品的扶持力度，把智慧城市重大项目建设情况纳入政府工作目标管理，特别重视“典型”的作用。

三是建立健全组织推进体系。制定相关政策法规，从制度层面保证智慧城市的整体优化。建立健全组织领导和统筹协调机制，完善智慧城市建设考核评价体系，构建高规格的组织体系和相对应的支持系统。积极拓宽融资渠道，引导社会投资参与，构建多元投融资机制。创新商业模式，形成一批可复制、可推广、可持续的运行管理模式。

四是加强技术创新与安全保障。构建统一的智慧城市建设技术标准规范，大力营造有利于创新创业、平台建设、人才培养、人才引进、环境优化、服务提升的社会环境。提升全社会网络与信息安全意识，完善安全保障体系。

第四节　智慧城市系统的信息整合传播

智慧城市是一个信息模拟系统，该系统的信息传播是一个复杂的体系，需要系统思维与整体思维。与个体传播、群体传播、大众传播相比，智慧城市的信息传播聚合各种传播类型与传播方式，各种资源、各种板块、各个层面的信息相互交织、相互融合。通过前文智慧城市信息资源整合的综合模拟模型的阐述可以得知，智慧城市“系统树”模型是综合模拟模型的具象化表现，其中四个子系统对应综合模拟模型中不同模块的信息联通方式，而每一种连通方式对应一种特定的信息资源整合方式。因此，信息的区块子系统、层级子系统、应用子系统、循环子系统等普遍联系与相互作用，共同组成智慧城市的智能化、数字化的信息整合传播体系（如图 3-8）。

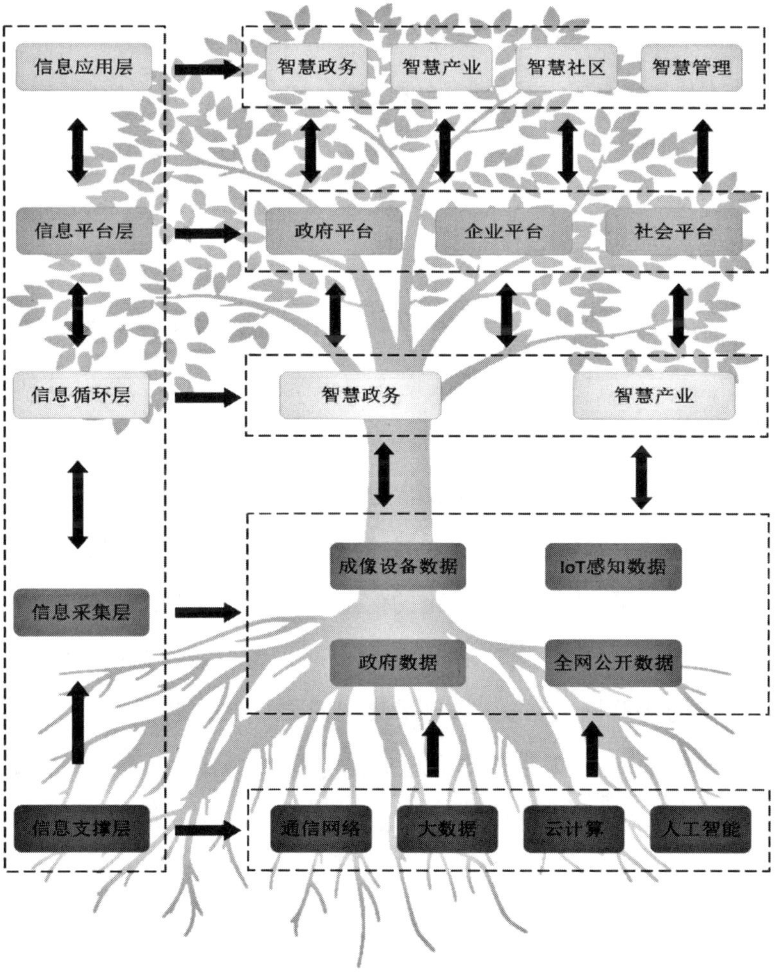

图 3-8　智慧城市“系统树”信息整合传播示意

一、信息支撑层:通信网络、大数据、云计算、人工智能

智慧城市的信息支撑层主要是城市基础设施的硬件与软件,包括无线、有线与卫星信号的覆盖,特别是5G网络的布局、物联网的普及与智能终端的更新,通过物联感知,获取政府、社区、企业与市民的各种信息。同时,通过云计算、大数据、人工智能等软件技术,加强各个部门之间信息的整合、交互、计算,提供给智慧城市的神经中枢。通过云计算加强数据的分析整合,发现数据的内在关联;通过大数据分析,提取有效信息为智慧城市科学决策服务;通过人工智能加强数据的深度挖掘与优化,提升数据质量,提高智慧城市的管理水平。

二、信息采集层:四种数据来源

信息采集层就如智慧城市"系统树"的枝干,对于整个智慧城市的运营至关重要。目前,信息采集层的数据来源于全网公开数据、政府数据、成像设备数据和IoT感知数据四个方面。全网公开数据是政府、企业、非营利组织等在网络上公开的数据,智慧城市信息采集层需要抓取、下载这些数据,并加以利用。政府掌握经济、社会、文化、地理、人口等诸多方面的数据,公开共享这些数据可以降低智慧城市的信息运营成本。成像设备储存有大量的数据,信息采集层需要及时读取、输出、分析、整合这些数据。IoT感知数据包括海量的物联网大数据,信息采集层需要加快物联网数据的集成、存储、分析、可视化,实现大数据的价值变现。收集数据以后,"系统树"需要利用大数据、云计算对数据进行重构重组,将信息与政务服务、公共服务、民生服务相联系,发挥信息的有效性。

三、信息循环层：导管组织与筛管组织

智慧城市的循环层包括导管组织与筛管组织，前者进行信息的传输，后者进行信息的筛选，确保将有效、安全、及时的信息提供给需求端。来源于各种数据的信息通过云平台这个“导管”传输到各种终端与应用系统中。智慧城市的“筛管”组织发挥信息的智能调配作用，以自然资源、政务资源、水电资源、医疗资源、道路资源、警力资源等为例，系统收到各种数据以后，根据相匹配原则，将其调配到各种应用层。

四、信息平台层：政务平台、社会平台和企业平台

智慧城市的信息最终聚合在三个平台上，即政府平台、企业平台和社会平台，三个平台的数据互联互通，协同共享，每个平台均有子系统收集数据。在三个平台上，信息与消费者见面，平台发挥了类似光合作用的信息能力交换作用，体现了信息资源的经济价值。政府平台信息的互联互通可以优化服务流程，提升政府的办事效率，提高政务的一体化与网格化服务水平。企业平台信息可以加快企业的信息化建设，促使企业在税收、环保、人力资源、养老保险、产品营销、行业发展等方面的信息建设更加有效，促进企业的可持续发展。社会平台信息可以提升社会治理的信息化与现代化水平，助力社会管理创新，提高社会治理的精细化程度，提升市民的幸福度。

五、信息应用层：智慧城市的落脚点

智慧城市的落脚点就是信息的应用层，也就是信息采集、传输至最后的归宿，是智慧城市“系统树”的果实。智慧城市包括基础模块与应用模块，最终通过应用子系统满足市民的物质与精神方面的需求。智慧城市信息应用

层包括智慧政务、智慧产业、智慧社区与智慧管理系统，通过多种类、多层次、多元化的信息服务，为市民提供公共服务与公共产品，特别是在教育、医疗、交通、就业、水电等方面提供智慧化、综合性的公共服务。信息应用层发挥用户的信息反馈作用，调动用户的积极性与参与性，通过应用层的沟通反馈给用户带来高质量、个性化、智能化的服务。

智慧城市的构建就是畅通信息的传播，消除“城市病”，推进信息与城市发展的高度融合，提高城市的治理水平，促进城市中的人与自然、社会的和谐发展。

第四章　智慧城市系统设计中的信息资源整合分析

智慧城市建设的核心是信息资源整合。信息资源的交换、共享与整合是智慧城市建设的关键支撑。本书在第三章提出的"系统树"模型从系统设计的角度指导了智慧城市建设。"系统树"中的层级子系统是信息资源整合的基本结构,主要指导城市基础设施的智慧化即数据分层处理的智能化;区块子系统可以将整体大数据库中的信息分为区块收集,也能够将每一层级的数据信息分为区块处理,从而更好地指导信息采集、信息融合与信息共享;应用子系统从"以人为本"的理念出发,主要作用于公共服务体系,指导如何将信息整合应用于提高人的生活质量;循环子系统通过信息整合的双向反馈和可持续发展,为优化系统设计与智慧城市建设提供保障。

在"系统树"模型的基础上,根据第二章论证的局整关系模型分析,系统设计角度的信息资源整合与实践角度的信息资源整合互为补集,只有两个方面互相作用才能够使资源整合机制更完善。同时,从因果关系模型出发,理论与实践互为因果,理论指导实践,实践完善理论,二者相生,优化信息资源整合体系。在信息资源整合模型的各子系统、各层级之间以及它们的内部,存在着相克关系,只有寻求平衡,才能使整个体系更加协调,平稳运作,发挥更大的作用。

因此，本章将从系统设计和实践这两个角度，分析智慧城市的信息整合。在系统设计角度，从层级子系统、区块子系统、应用子系统和循环子系统这四个方面，分别探讨信息资源的整合机制与模式，并用四个独立的城市建设案例验证“系统树”模型，同时根据“系统树”模型来指导分析现阶段智慧城市建设的不足以及优化方向。在实践角度，从管理体系出发，以前文的模型为基础，分析智慧城市运行管理方式，并以现有的管理模式为案例分析其不同点与优缺点，并优化方案。

第一节　智慧城市层级子系统中的信息资源整合分析

一、智慧城市层级子系统中的信息资源整合机制与模式

从“系统树”模型的层级子系统出发，其信息资源整合主要体现在城市基础设施的智能化、智慧化上。各个城市普遍关注交通、能源、水、环境以及公共安全等方面的重大问题，而这些问题都涉及多领域、多部门、多层级，必须从整合的角度寻求解决之道。这离不开信息交换共享和业务协同，更离不开对数据与信息资源的分层级处理。因此，在智慧城市的基础设施建设中，发达的基础网络、明确的层级结构、智慧化的处理方式是必不可少的要素，这也是“系统树”模型中层级子系统的直接体现和最佳应用。

（一）建设高速融合的基础网络

发达的基础网络保证了即将进入各处理层级数据的高效来源。智慧城市建设的重要基础是数字化、智能化、宽带化的城市信息化泛在网络。当前日益普及的城市宽带网络，有利于智慧城市应用的落地。

宽带作为国家经济社会发展的关键性基础设施，是国家综合实力的一个重要衡量标准，许多国家都已经将宽带发展上升为国家战略。我国正处在全力迈向信息社会、促进信息化与工业化深度融合的关键时期，加强宽带网络技术设施建设，全面提升宽带网络的覆盖水平和接入宽带能力对国家经济发展和产业升级具有重要的推动作用。“宽带中国”战略实施以来成效显著，基础运营商启动大规模“光改”，宽带网络基础设施发展水平取得快速提升。“十三五”时期，我国光纤网络建设深入推进，4G 网络基本实现城乡全面覆盖。2016 年末，全国所有地市均建成了光纤网络全面覆盖的“光网城市”。2018 年 12 月，中央经济工作会议明确提出“加快 5G 商用步伐，加强人工智能、工业互联网、物联网等新型基础设施建设”。随着 5G 时代的到来，5G 网络和人工智能、云计算、物联网将会构成新的网络基础设施，用于收集和处理海量连接产生的庞大数据资源，提高层级系统中 IT 与 AI 处理平台的效率。

宽带的重要作用就是通过有线宽带接入提速和覆盖提升，以光纤尽量靠近用户为原则，加快光纤宽带接入网络部署，大力推进学校、政府机构、医疗卫生机构、科技园区、商务楼宇等公益性和商务类场所的光纤宽带接入，这属于第二章所提出的因果关系模型中的广义原因。只有将这个广义因做好了，才能产生满意的广义果。这里之所以是满意果，不是最优果，其根本原因就在于智慧城市建设过程中存在复杂的生克关系（见第二章生克关系模型），只能求得一定约束下的满意解。在当前的形势下，必须将 5G 网络建设纳入重大战略性基础设施建设，加快 5G 商用步伐，推动移动通信网络升级。

（二）布设无所不在的物联感知

强大的物联感知确保了各层级之间的平稳关联运作。在布设物联网的过程中，要注意不同信息采集渠道和系统的资源整合，进行有效的数据交换、整合和共享。具体来讲，就是要做到以下两点：

一是聚焦民生领域的物联感知。出行方面，以公共交通为核心，通过传感器的建设缓解道路拥堵问题，为交通出行提供多项便民服务，如公交指引、等待时间、自动引导停车、自动泊车系统、交通疏导系统等。医疗方面，突破就医难和医疗服务难的双重困局，保持医疗资源和患者之间的平衡，聚焦电子医疗档案、自动医疗信息服务、电子挂号、远程医疗、病房监控、环境控制等。公共服务方面，为解决市民办事难、信息渠道少的问题，通过物联感知提高市民使用公共服务时的便利性，提升公共服务的整体水平，如办事大厅引导、电子办事信息自动指引系统等。

二是聚焦市政管理的物联感知。市政设施管理方面，市政设施部件众多，物联感知能够大幅提高市政设施管理效率，降低市政设施统计、管理、维护和监控的难度，主要聚焦于井盖管理、灯杆管理、道路管理和垃圾管理等。环境管理方面，从环境监控管理的角度出发，通过物联感知建设，极大提升环境管理的自动化程度，最大限度地将环境变化数据及时有效地反馈至环境管理部门，主要聚焦于水环境管理、空气质量管理和绿化管理等。安全管理方面，通过物联感知技术，提高城市重点地区的安防监控能力，通过声压传感器监控施工工地的噪声等，为城市带来不一样的安全环境。

（三）打造统一的云服务平台

云计算作为一种信息资源整合的计算模式，具有推动区域信息化建设的强大应用支撑能力，为区域经济社会发展提供有力保障。其背后的理论支撑就是智慧城市系统设计中信息资源整合的局整关系模型和因果关系模型。云服务平台可分为基础设施云、平台云和应用云三个层面。

一是虚拟化的基础设施云。在大数据的广泛应用下，数据中心的服务器规模越来越大，硬件成本相应增加，管理维护成本也随之增加。对大量的服务器进行整合成为降低硬件成本和管理难度的必然趋势。整合可以直接减少服务器数量,将业务集成在同一台服务器上,有效降低服务器的硬件成本和管理维护成本。数据中心运行的应用越来越多,很多应用在相互隔绝的不同环境中运行,使用率低下。数据中心通过整合和虚拟技术可以将计算和存储资源从多个分离式系统转变为标准化组件,从而为自动化、智能化奠定基础。

二是可拓展的平台云。平台云包括服务支撑平台、云计算平台、数据资源管理平台和感知管理平台。服务支撑平台为基于云计算的各种应用提供公共的应用开发组件和基础服务,减少应用开发的工作量,包括数据分析服务、地理信息共享服务、工作流服务、信息资源目录服务及感知信息服务等。云计算平台融合了各类物理资源和虚拟资源,包括计算资源、存储资源、网络资源及虚拟化资源。数据资源管理平台实现数据交换与共享,包括人口数据库、法人数据库、自然资源与空间地理数据库、宏观经济数据库以及数字城管、综合治税、应急指挥、企业经营管理等业务信息,面向市民、企业、政府的服务信息,面向城市管理者的统计决策信息。感知管理平台向各种物联网应用提供开发与管理平台,包括物联网网关、传感数据动态管理、传感网管理、业务处理和认证计费等功能。

三是承载业务的应用云。随着智慧城市的快速发展和区块技术的应用,政府与企业的业务应用和信息资源整合方式正在发生革命性变化。用户的业务通常包含多个子系统,各子系统之间有业务互访、数据共享等需求。根据业务相关性和流程需要,通过低耦合、高内聚的模块化设计,保证系统和数据的可靠性、灵活性、便捷性、安全性。

云服务平台的建设涉及平台经济。史健勇(2013)认为,平台经济形态通过移动互联、云计算、大数据、物联网等新一代信息技术的广泛使用,有效实现多业务综合集成、产业链整合并购、业务流程变更、新业态成长,充分实现工业化和信息化的深度融合，从而加快生产要素整合、增强资源配置能力、创新商业模式，最终提升社会整体生产效率。从平台经济的视角建立智慧城市基础设施体系中信息的云服务平台，有助于提高基础设施云、平台云和应用云的信息使用效率。

二、智慧城市层级子系统中的信息资源整合案例研究

宁波智慧交通建设坚持“服务为核心”的发展战略，实现了“出门不问路，一网打尽；买票不跑远，一键搞定；交费不停车，一卡畅行；打的不等待，一机可约；停车不找位，提前预订；最后一公里，绿色出行；堵车不堵心，智能通行”。

（一）出行资源整合——宁波智慧交通的“四车一体”公共交通体系

宁波智慧交通的“四车一体”公共交通体系，以地铁和大型公交为骨干，以常规公交为主体，以出租车为补充，以公共自行车为延伸，以城乡一体化为拓展。宁波市民借助市民卡使用各类交通工具，利用“宁波通”App 管理交通出行。“无线公交”信息查询系统包含近 400 条公交运行线路，提供“车辆实时到站、公交换乘方案”等查询服务。城乡公交“一体化”实现市区与其他地区的互联互通。宁波轨道交通自 2014 年 5 月运营以来，已开通两条线路，有 51 座地铁车站，总里程 74 千米，形成了“十字形”的轨道交通网络运营格局。宁波市已投放 3 万多辆公共自行车，建成标准网点 1200 多个，为市民提供“通租通还、无卡还车，自助服务、24 小时租还”的服务。全市共有出租汽车企业 55 家，车辆 6400 多辆。

（二）路网数据整合——宁波智慧交通的实时交通拥堵指数

2015 年，宁波市开始发布中心城区交通拥堵指数。拥堵指数系统实时

采集中心城区数百条快速路段、主干路段、次干路段路网数据,利用室外LED显示屏、交警网站、“宁波通”App、微信小程序以及电台等实时公开发布交通拥堵指数,让市民清楚知道道路拥堵情况,科学选取出行路径。

(三)停车位数据整合——宁波智慧交通的停车诱导系统

宁波通过建设智慧交通停车诱导管理系统,接入采集城市内各停车场信息,利用室外LED显示屏、“宁波通”App、停车诱导网站等多种渠道实时发布停车位数据,引导市民实现便捷停车,改善城市局部交通微循环,提高交通系统效率,有效缓解停车难问题。

(四)交通运输管控系统整合——宁波智慧交通的智能管理系统

一是智能化“治超”执法。利用数字公路综合信息服务平台,完成公路治超电子检测系统建设投用,实现县区非现场执法全覆盖。强化路政、交警、运管等部门的信息互联互通,利用治超电子检测系统,实现执法理念由传统的“人海战术型”向“科技高效型”转变,执法机制由“突击执法”向“长效管控”转变,执法方式由“末端执法”向“立体执法”转变。

二是智能化“两客一危”监管。建设客运班车、客运包车、危险品运输车“两客一危”智能化监管平台,实现对客运班车、客运包车、危化品运输车运行情况的实时监测,对危险货物运输申报流程的全面监控。

三是智能化城市公交运营。建设智能调度系统,实现对公交车辆运行状态的实时掌控,并以此为基础统筹调配运力,强化对公交驾驶员的日常管理。通过“车联网”技术(如图4-1所示)打破信息孤岛,实现所有车载终端联网,借助综合服务管理平台准确监控所有公交车辆。利用“车联网”技术对车辆状态信息进行实时采集,实现超速报警、故障报警、转向灯检测、开关门检测、刹车检测等信息的及时发布,提供转向自动提示、自动报站等功能,强化市民出行的安全保障。

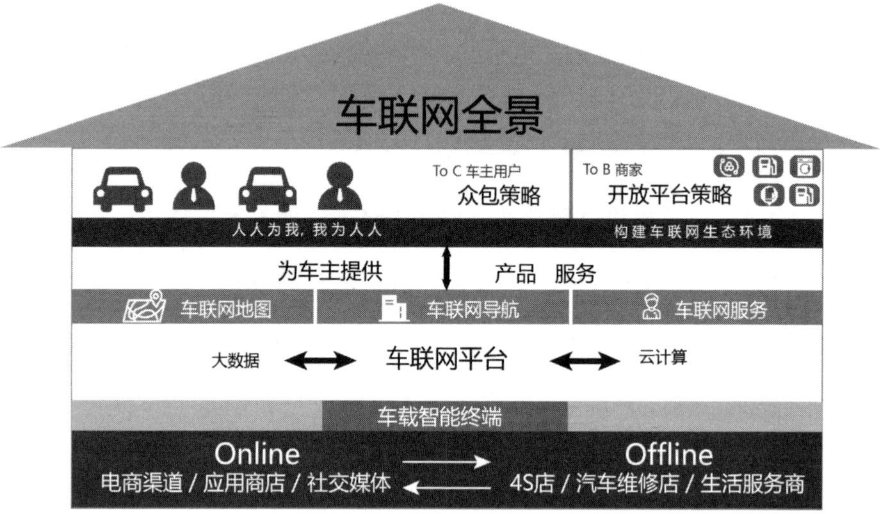

图 4-1　车联网示意

资料来源:根据宁波市经信局网站资料整理

根据“系统树”层级子系统模型,可以推导出适应智慧交通模式的信息整合与层级处理“金字塔”(如图 4-2 所示)。交通数据来源于运营商、交通

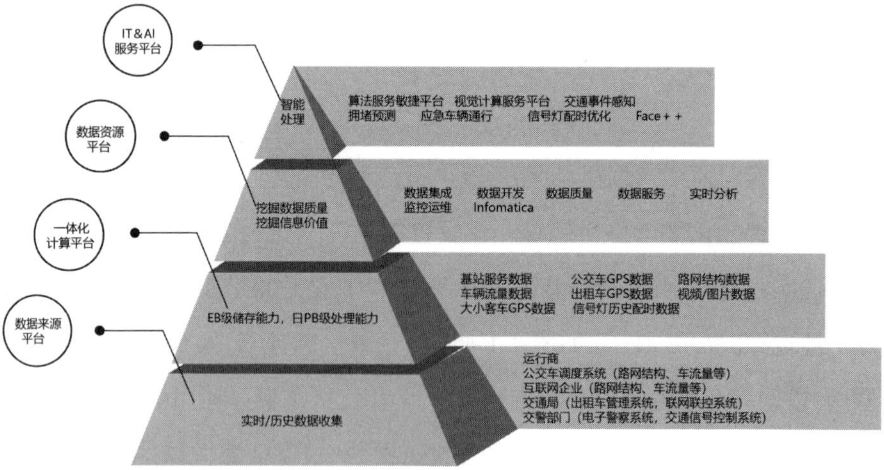

图 4-2　交通信息整合与处理层级“金字塔”

局、交警部门等。通过基站服务、公交车 GPS、地图静态数据、车辆 GPS、卡口、视频、信号灯等收集的历史或实时数据，经由高效一体化计算平台初步转换为可处理的数据，再由更高层级的处理平台来进行集成与分析。

总体来看，宁波市利用科技手段来管理和促进交通出行，在“金字塔”的第一、第二这两个基础层级有着较好的规划、较高的完成度，也为市民提供更多人性化、智能化的服务，让广大市民享受到更加安全、便捷、舒适的出行体验。但其也存在一些不足和差距，主要表现在：“金字塔”的第三、第四两个更高级信息处理层级并未完善，也就是说，宁波市交通体系还处于初级智能化阶段。根据“系统树”层级子系统模型及其衍生的“金字塔”层级的指导方向，在实时收集数据并进行初级处理后，应该进行数据筛选提炼以及对数据价值进行挖掘，保障数据安全，提升数据质量。在提纯数据后，积极应用 IT 与人工智能处理数据信息，让交通系统具有“思考”能力，以便获得高效的信息，以及让信息在智能调配中更好地发挥作用。

基于“系统树”模型，道路、交通设施等作为城市硬资源系统的一部分，是智慧城市建设基础设施体系的重要组成，也是层级系统理念的最佳体现。为了让交通系统更加智慧化，其改进方向为：通过数据集中、信息集成打破市政、城管、交通等部门内部和部门之间的信息孤岛，形成具备整体性、协调性、高效性的交通出行数据库，进而为交通运输管控流程的优化重构、管理系统的整体搭建提供数据支撑，最终通过信息资源的开放共享、智慧应用，为政府提供更加高效的决策参考，为市民提供更加便捷的出行服务，实现整体优化体系的目标。

三、智慧城市层级子系统中的信息传播

智慧城市的层级子系统以基础设施为根基。基础设施是智慧城市运营的支撑，包括智慧城市基础设施的硬件系统与软件系统。硬件方面主要发展宽

带网络与5G无线网络，布局感知网络，包括各类智能终端设备与物联网，获取各类人与物的数据。软件方面主要发展各类云平台、人工智能、区块链，加强数据的采集、计算、整合、应用，为智慧城市提供全面的信息支撑。

（一）加强城市基础通信设施，扩大无线网络与有线网络的覆盖。

我国公共信息网络主要包括无线网络、有线网络以及卫星网络，网络的数字化改造基本完成，光纤覆盖从城市向农村延伸，农村地区的宽带覆盖工程快速推进。近年来，我国5G基站建设加快布局，三大运营商的5G网络快速覆盖各大城市，5G运营商的套餐也不断推出。5G网络的应用将提高智慧城市的智能化水平，使智慧城市的基础设施运营更加高效、快捷、安全、低成本，使智慧城市的公共服务水平效率不断提升。

（二）借助基础设施的物联感知，加强数据的采集

如图4-3所示，传感器、摄像头等智能终端可以获取智慧城市的各种信息。与传统的传播模式不同，智慧城市的信息传播的信源不仅仅是人类，而且包括各种智能终端。这些智能终端嵌入计算机软件，能够提供各种信息，

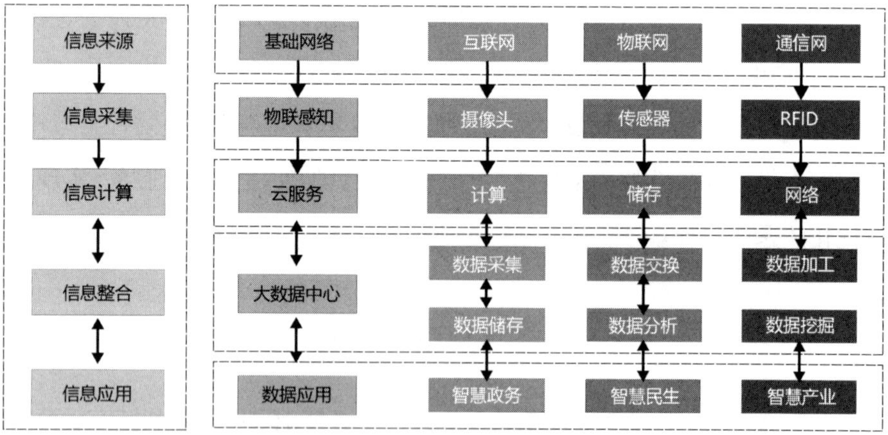

图4-3　智慧城市基础设施的信息传播

包括市政管理的物联感知、民生领域的物联感知、社区系统的物联感知等，在智慧城市建设中发挥了基础设施的支撑作用。在移动互联时代，涉及智慧城市公共设施的智能化改造极为重要，需要淘汰一些老旧的、智能化低的设备，升级改造城市公共设备，提升整个城市公共设备的智能化水平。特别是在城市供水、供电、供气、供热、环卫、环保等民生领域，需要加强数据收集与智能监控，以支撑各种设备的智慧化应用。

（三）提升信息资源的计算能力与整合能力，建立信息的采集、储存、整合、挖掘、计算、应用等产业链

云计算作为一种信息资源的计算模式，为智慧城市信息资源的加工、整合、分析提供了强大的技术支撑，同时为城市经济、社会、民生的发展提供了有力保障。在云服务平台，可加强从各种监控系统、物联网、位置服务、智能终端等收集到的信息的整合、分析，提升信息的完整性与系统性。加强虚拟化基础设施云服务平台建设，促进分离的各系统数据的系统化、自动化、智能化上传；提升数据管理平台、服务支撑平台、感知管理平台的计算效率，促进信息资源的整合与城市决策的科学化；提高应用云平台的业务承载能力，促进各系统之间的信息互动与共享，促进城市经济社会发展。

第二节　智慧城市区块子系统中的信息资源整合分析

一、智慧城市区块子系统中的信息资源整合机制与模式

本书在“系统树”模型的区块子系统部分，提出了信息分区收集、数据分块处理的概念，即按照数据模块的构成，将信息和数据分成各自独立而又相互关联的区块进行采集与处理。数据的分区并不是将信息简单分隔，而是

建立不同的小数据库，促使数据融合与信息整合更加高效。根据第二章论述的局整关系模型，将各个小区块的信息进行数据融合后，其整体的作用远远大于每一个区块的作用。根据上一节的层级子系统，每一层级都会有大量的信息整合和处理，而其中的关键在于高效的数据融合。因此，在信息整合中，每一层级、每一环节都可以采用分区块收集、处理数据与信息的模式，大大提高信息整合与处理的效率，进而优化信息整合与处理的效果。

（一）数据采集环节的信息资源整合

智慧城市的数据来源包括互联网、物联网数据、网络爬虫平台，网上直报、离线填报、EXCEL 导入、外部数据文件导入、异构数据库导入及数据抽取等。数据抽取是从以关系数据库为主要形式的数据源中抽取数据的过程。针对这些不同的数据来源，先要建立独立而关联的区块数据库，做好数据采集环节的信息资源整合，为智慧城市建设奠定坚实的基础。

（二）数据融合环节的信息资源整合

在获取多源异构的海量数据之后，将其高效融合是一项十分重要的任务。智慧城市核心信息资源的建设主要包括基础数据库、主题数据库和数据仓库建设。其中，主题数据库是从基础数据库中抽取关联数据的集合，支撑具体专题的分析应用。数据仓库基于数据共享交换平台，利用物联网运行管理平台对海量异构数据进行加工处理，定期装载数据。数据仓库中存放了当前和历史的各类数据全集，可有效支撑各类数据的运算和分析。

（三）数据共享环节的信息资源整合

智慧城市的数据共享是在动态变化的多个虚拟组织间共享数据资源和协同解决问题，目的是建立上一节层级系统的数据处理基础层级的一体化数据服务平台,实现广泛的互联互通。数据共享应对原有的数据库系统利用构件复用、共享组件和中间件技术进行改造,使之符合栅格对数据封装、映射和集成的规范,并将之集成进信息栅格平台。这种数据库集成方式比新建一个大型数据库系统,更加快捷高效、省时省力,而且可以随时利用现有系统中的数据来更新中心数据库的数据,解决了数据采集难和更新难的问题。在智慧城市区块子系统中,可以通过数据库直连模式、文件交换模式、网络服务模式这三种方式,实现数据交换共享。基于大数据服务平台提供的基础数据分析能力,政府部门和企业的业务系统可以充分对大数据进行分析,从而为各类决策提供依据。

二、智慧城市区块子系统中的信息资源整合案例研究

池州市社会服务管理信息化平台依托原“数字池州”基础设施,完善社会服务体系,优化网络传输、数据开放、信息存储、网络管理、安全维护等服务,建立互联互通的业务系统,实现跨区块、跨部门、跨地区信息资源共享,有效提高池州市社会服务管理的科学化、现代化水平。

(一)池州市社会服务管理信息化平台建设的区块数据融合目标

一是信息全覆盖。通过政务服务对象的整合,建立人、房、事、物、情、组织六大基础数据库,实现以地管房,以房管人,以人管事、管物,真正做到人、房、公共基础设施等基础信息全面掌握和动态更新;梳理行政机关事业单位权力和服务清单,建立权力清单库,从而规范权力运行,优化服务流程。

二是业务全覆盖。通过政务服务内容的整合,实现政府各部门信息互联互通,跨部门业务协同办理,变被动服务为主动服务,从根本上解决群众办事难问题,降低群众的时间成本。

三是服务全覆盖。通过政务服务内容、服务手段及社会服务资源的整

合,逐步实现政府大部分居民待办事项在社区受理、办理;向社区居民提供社区周边5千米范围内的社会服务。通过全市统一的政府服务门户,社区居民可随时随地、方便地享受政府及社会的全方位服务。

四是社情全覆盖。通过政务服务资源的整合,实现社情民意、矛盾纠纷、事故隐患等信息全部采集上网,不留死角。各政府职能部门根据鲜活、实时的社情,制定科学决策,及时稳定处理,全面提升政府的治理能力。

(二)池州市社会服务管理信息化平台建设的区块数据融合方式

一是政务服务对象整合。以服务对象为例,公安、民政、人社、卫计、教育、工商、住建、社区等政府部门建立了各自的业务系统,针对人的不同阶段、不同需求提供不同服务,产生人的大量对象属性,这些属性存在于各个部门的业务系统中,无法互联互通,造成了信息孤岛。为了有效解决这一问题,池州市社会服务管理信息化平台建设强调政务服务对象数据融合,通过详细分析政府各职能部门拥有的人口信息属性集合,形成全市统一的、标准的、规范的人口信息数据,构建全市统一的数据共享交换平台,汇集政府各职能部门人口属性数据,形成全市人口信息数据库(如图4-4所示)。政府各部门数据通过数据共享交换平台在市数据中心集中,经过清洗、整合、关联、转换等处理后形成规范的人口基础数据库,实现"一数一源、一源一主",以保证人口数据的完整性、鲜活性、准确性,充分体现了区块子系统中互联互通的要求。

二是政务服务内容整合。整合的核心是由社区统一受理、统一办结,原则上对于一般性业务,社区居民只需要到社区服务中心进行登记,并提供必要的资料,由社区初审后即可进行现场办理。对于需要其他部门协同办理的业务,社区将相关数据和服务请求发送到市数据中心,中心根据业务情况协同各部门共同办理,社区可随时查询办理状态,各部门办理完后,由中心

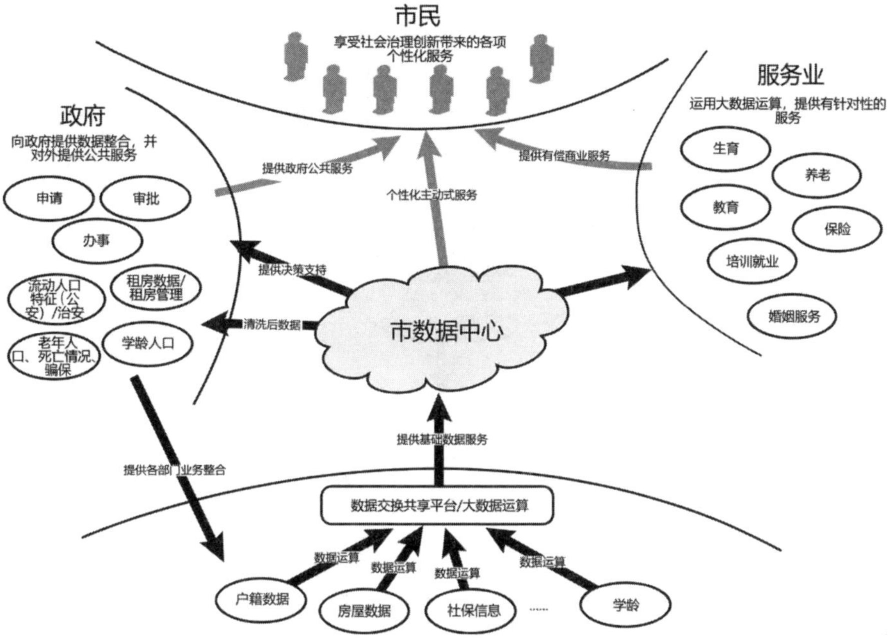

图 4-4　人口信息整合流程

资料来源:根据池州市社会服务管理信息化平台项目建设方案整理

将结果返回社区,社区通知居民。对于一些特殊业务,如需要主管部门严格核实本人情况的,市民则需要到相关部门服务大厅办理。社区受理业务时,也可以提供上门服务,由居民电话预约,网格员上门登记、核实、办理(如图 4-5 所示),直接体现了区块子系统对于各层级区块间数据共享的要求。

三是政务服务手段整合。整合互联网门户、热线语音门户、移动终端门户,形成一个统一的城市级政府门户。通过该门户,群众可以查询政府各部门信息,办理各种业务(如查询证件情况、社保情况、水电煤气缴费情况等),提出自己的建议。

四是社会服务资源整合。社区服务中心、企业、公益性组织和社区周边服务提供商共同构建一个社区社会化服务体系,向社区居民提供周边 5 千米

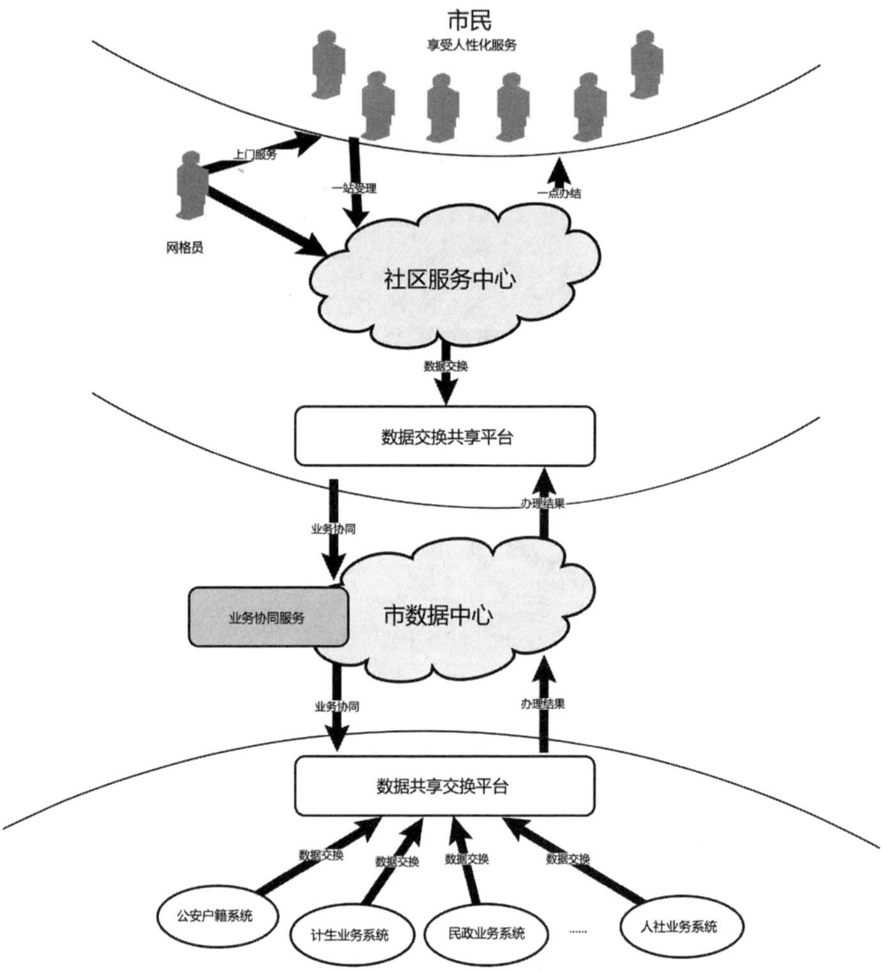

图 4-5　政务服务内容整合流程

资料来源：根据池州市社会服务管理信息化平台项目建设方案整理

范围内的社会服务，对社会服务信息进行全面整合，通过政务服务门户提供给社区居民。居民可以利用手机、电脑等多种终端设备查询社区服务信息，或直接定制各种服务。相关订单会自动转到服务提供商，方便其上门提供服务。社会化服务体系还提供各种公益性服务以满足特殊人群的需要。政府通过社会化服务体系对公益性组织、服务商进行监督管理。以上两点说明了区块子系统对于各区块高效性、整体性的要求。

(三)池州市社会服务管理信息化平台建设的区块数据库建设

一是数据库总体逻辑架构。数据被分为四个层级,每个层级有一个大数据库,包含若干个不同区块的小数据库,整合汇集池州市各部门与公众、企业有关的信息资源,通过转换、清洗、映射形成全市统一的综合数据库群,不断拓展其他主体对象的信息资源整合,逐步构建五大公共基础数据库,做到"一库融合",最终形成全市统一的信息资源中心(如图 4-6 所示)。

二是信息资源规划内容。主要包括民政、公安、住建、人社、教育、卫生、环保、消防等部门数据资源。

三是编制信息资源目录。明确目录中的总目录和子目录即大区块和小区块,能够促进信息的高效传播与整合。各数据采编部门通过元数据采编工具将本部门元数据信息上报到对应的编目部门目录元数据管理系统,目录服务平台接受元数据管理系统上报的 XML 元数据文件。经过处理,元数据文件进入目录内容信息管理库和服务库,目录服务子系统提供查询服务支持,目录管理子系统对目录元数据进行管理。业务和信息资源梳理以各参建部门职能为依据,按照"机构职能—业务事项—信息资源—资源元素"的顺序,将机构职能分解成业务事项,梳理出各业务事项对应的信息资源,最终按尽可能细的颗粒度将每一信息资源细化到资源元素。业务和信息资源编目建模工作在元数据、目录分类和唯一标识符编码规划的基础上,利用目录管理系统提供的编目工具,形成人口基础共享信息、法人基础共享信息等信息资源目录。各参建单位编制好的信息资源目会通过目录前置系统上传到目录中心,在目录中心系统里完成目录的注册、赋码、审核、发布等操作。

四是构建数据库。构建业务资源共享库,对公共基础数据库以外的标

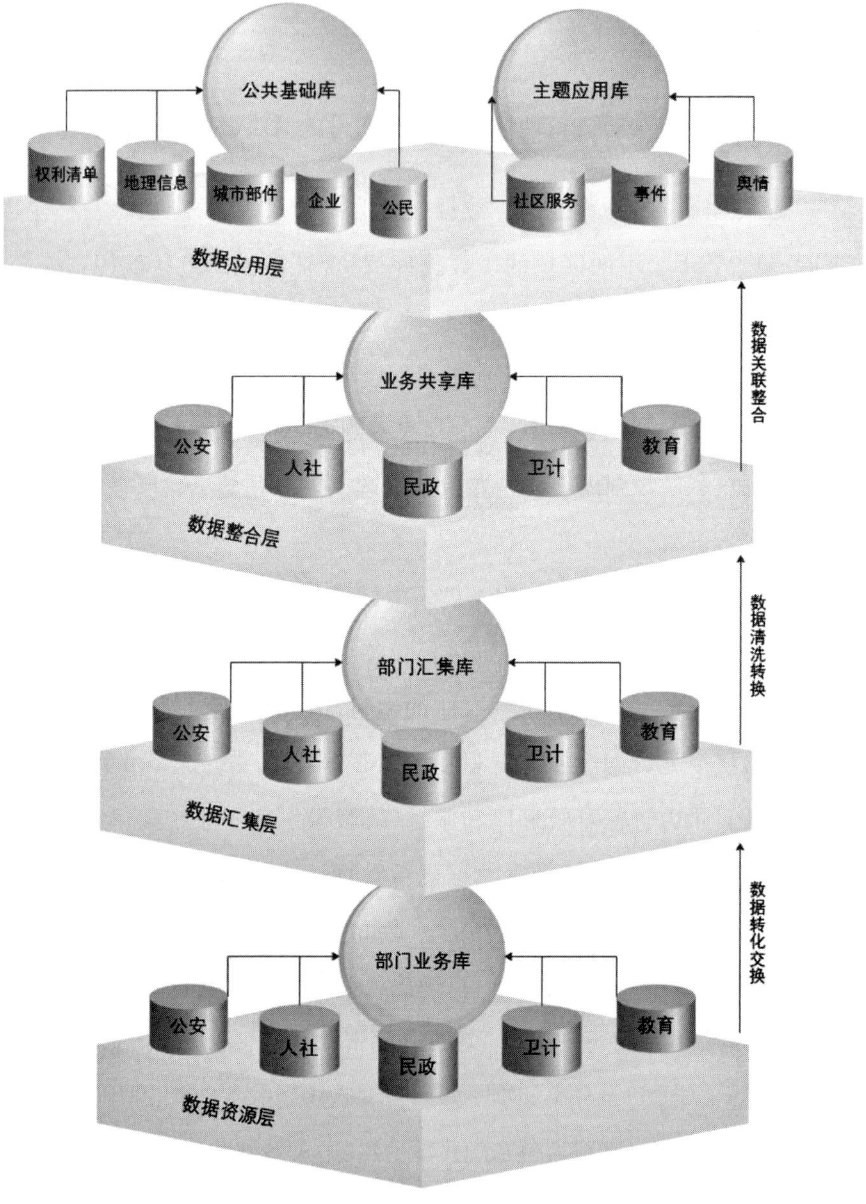

图 4-6　区块系统中各层级区块关联

准化数据进行清洗比对，用于支撑主题类、专业类的应用。构建公共基础数据库，整合部门标准业务数据库，以人口库、法人库、部件库、地理库、权力库五类区分数据，实现综合数据跨越部门，明显数据来源清晰的公共区块数据库体系。

总体来看，池州市社会服务管理信息化平台建设打破了条条块块间的信息数据壁垒，整合了政务服务对象、政务服务内容、政务服务资源、政务服务手段及社会服务资源，建立了统一高效、互联互通、信息共享的政务服务模式。城市运行涵盖经济活动、城市交通、社区生活、公共服务、教育卫生、环境检测、公共安全等方面，池州市社会服务管理信息化平台建设的主要目的是协助政府公共服务职能的高效履行，侧重于惠民服务和政务效能，但在对各领域信息数据的综合分析、深度挖掘和拓展利用上还有待加强和深化。

目前智慧城市大部分的业务系统一般都采用基于流程的设计思路，一个个独立的业务系统都是针对功能和服务对象量身定做的，相互孤立的系统对于实现各自业务功能具有很好的优势。这虽然看似体现了区块子系统中分区的概念，但从更大范围、更长周期来看，这种方式的数据共享容易造成较多的重复建设和资源浪费。同时，目前智慧城市普遍采用的流程是由独立的业务系统数据库沿层级向上汇集数据，直到汇集至总的数据中心，又要从总的数据中心沿层级向下分发数据，直到使用数据的底层应用系统，这就造成了数据存储资源被大量占用、冗余的数据充斥大数据中心，严重增加了数据存储量和网络负荷。区块子系统的理念核心不仅仅是有独立的区块以及传递的途径，更重要的是实现同一层级区块的互通和不同层级区块的协同。因此，区块间数据共享应该更高效、更智能。

在“系统树”模型中，数据处理系统是数据融合体系的核心部分，处在区块子系统和层级子系统之间的位置，负责实现信息资源的整合重组和业务流程的优化重构，地位和作用都非常重要。实现智慧城市建设的整体优化目标,要充分发挥数据融合体系的核心作用,加强对各类信息资源的收集、整合、分析、共享,确保信息资源的最优化配置和最大化利用。

三、智慧城市区块子系统中的信息传播

智慧城市的信息传播"阳光"模式,是一种整体的、宏观的信息传播模式,强调城市大脑——大数据中心的核心作用,城市大脑就如"太阳",是融合了算力与数据的智慧城市信息中心。如图 4-7 所示,城市大脑是城市各类信息的交换、共享、互动、反馈平台,是智慧城市区块子系统的中枢系统,连

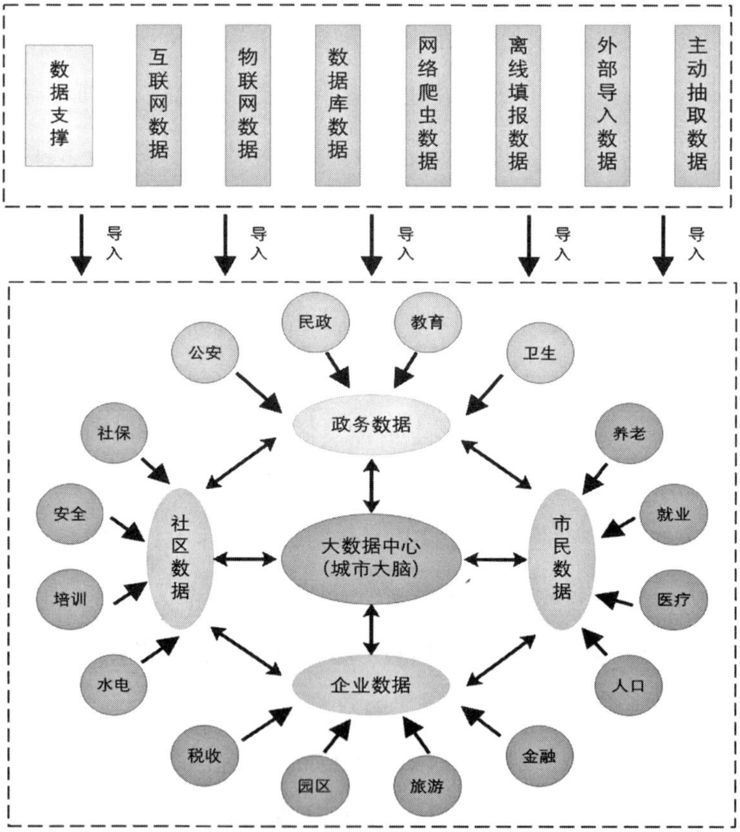

图 4-7　智慧城市信息传播"阳光"模式

接政务数据、企业数据、社区数据、市民数据等不同的区块。

(一)深入挖掘数据,构建数据资源库

在这种传播模式中,数据的采集与获取十分重要,数据既包括互联网数据、物联网数据、网络爬虫数据等在线数据,也包括离线填报数据等外部导入的数据。数据的抓取充分发挥云计算、大数据、物联网与人工智能等技术的作用,同时注意区分数据的合法性,保护用户的隐私。在5G时代,物联感知技术使各种智能终端均能够获取数据,这种泛在的、实时的数据将丰富信息的来源,提升信息的量级。另外,线下数据的获取、加工与共享也非常重要,离线填报与外部导入数据使数据库的资源更加完整、系统。

(二)充分共享数据,分析整合数据资源

挖掘与获取各种数据以后,充分共享、分析、利用内容海量、结构复杂的数据是关键。在智慧城市信息传播的"阳光"模式中,政务信息、社区信息、市民数据、企业数据等都传输到大数据中心,各种平台、各类应用均在大数据平台上共享,形成智慧城市各部门协调发展的局面。大数据中心是信息传播的枢纽,信息容量大、性能高、线路多,与各种互联网终端、物联网终端、信息库以及线下信息源相连接,各平台、各系统、各终端之间信息互联互通,发挥智慧城市各种信息的集成整合作用。

(三)大量利用数据,发挥信息资源的经济效益

信息是宝贵的资源,对大数据中心的数据进行汇总、对比、分析、集成,将获得非常有价值的信息资源,这对于政府的城市治理与科学决策、企业的营销与经营、社区的管理与安全等都非常重要。例如,大数据中心的信息对于公安、民政、教育、卫生等公共服务体系非常重要,能够促进"管理型"政府

向“服务型”政府转型。信息资源的整合与传播对于企业的科学决策也非常重要,对员工的招聘、产品的营销、质量的监管、风险的控制、企业的运营等都能发挥重要作用,是企业信息化生产的必要条件。对于社区与市民来说,大数据在民生服务、医疗健康、教育就业等领域也起到不可或缺的作用。

第三节　智慧城市应用子系统中的信息资源整合分析

一、智慧城市应用子系统中的信息资源整合机制与模式

“系统树”模型的应用子系统侧重于关注城市信息资源共享整合及数据分析融合后的应用成果。在“以人为本”的理念指导下,应用成果主要满足人的精神需求和物质需求。在使管理系统与服务系统更加智慧化的目标驱动下,分析智慧城市公共服务体系善政、兴业、惠民等方面的定位和需求,有助于完善应用系统,并保证成果的高效、平稳、持续输出。

(一)智慧政务中的信息资源整合

相较于其他三个子系统,应用子系统的关注点主要是应用成果,对应的是智慧城市公共服务体系。其中,智慧政务主要由“两平台、一中心”以及承担具体城市管理职能的智慧政务应用组成(如图 4-8 所示)。

一是管理运维平台。管理运维平台是“两平台、一中心”实现模式中的核心环节,肩负着智慧城市公共服务体系中各子建设项目成果汇聚、管理、展现、反馈等集成职能。作为面向智慧城市全局管理者开放的综合性平台,其承担着智慧城市系统思维的最高职责。管理运维平台从发挥决策指挥、运行管理、交流展示等功能出发,将城市的人、事、物、空间等信息进行统筹管理,依托智慧城市基础设施体系和数据融合体系,实现终端感知和各系统

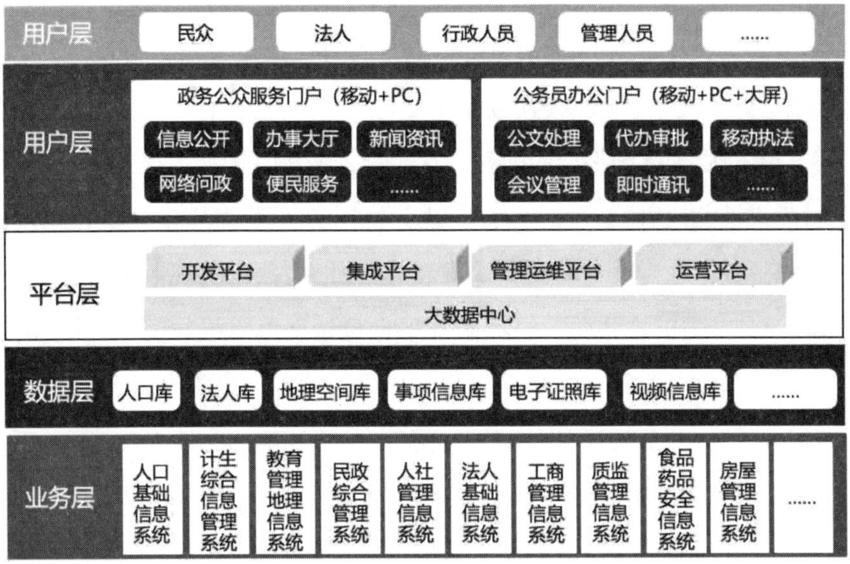

图 4-8　智慧政务架构

与现有各专业指挥中心的互联互通，统一监控环境、交通、治安等城市运行体征状态，满足突发事件处置和应急管理对信息资源整合的需求。管理运维平台负责城市运行的实时指标监控，对城市的视频监控、产业促进、能源使用、环境监测、民生活动等关键基础信息进行综合监控和分析，根据城市监控的不同需求，形成城市运行的相关指标，并提供多角度、多层级的城市运行指标视图；负责城市运行的常态化综合管理，在常态下将采集到的在城市建设过程中产生的交通、经济、安全、环保、能源、人口、气象及水利等信息资源进行整合，协助建立跨条块、跨领域、跨部门的城市管理模式；负责提供基于大数据的城市管理决策支持，基于大数据应用进行专题分析，内容包括城市产业促进状况分析、资源配置分析、重点产业经济景气指数分析、重点项目进度分析等；根据城市管理者决策需要，实现动态信息和决策服务信息的接入和整合，为城市管理者和相关部门提供决策支持；负责常态或应急状态下的指挥调度，在常态以及应急状态下，对城市的天气情况、群体性事件或城市服务事件等,形成呈现集中、指挥统一、多部门联合调度的及时处置格局,在提供更科学、更全面决策支持信息的同时,提供指挥调度服务。

二是公共服务平台。公共服务平台是智慧城市公共服务体系的重要组成部分,是对管理运维平台的映射。它通过打造统一的接入渠道,从决策分析、行政审批、市场监管、社会治理、政务协同等方面统筹公共服务应用建设,对海量数据进行整合、关联、挖掘和分析,以大数据实现业务大协同,促进政府治理能力的现代化。公共服务平台包括网上申报与受理、社会治理网格化管理、征信信息基础数据库等具体内容。网上申报通过申报系统实现与审批系统、电子监察平台、部门自有审批系统等的无缝对接;网上受理基于网上受理办件库,通过数据交换平台实现与审批系统办件库、部门自有审批系统办件库的实时数据交换,在网上提供受理回执给办事人。社会治理网格化管理按照一定的标准将城市划分为单元网格,以社区、网格为区域范围,以巡查对象为管理内容,以网格人员为责任人,通过加强对单元网格的部件和事件巡查,将过去被动应对问题的管理模式转变为主动发现问题和解决问题的城市管理新模式。社会治理网格人员利用智能手机对户外、企业、出租屋及流动人口等各类巡查对象以及事件情况进行迅速及时的上报及办理,通过手机巡查核实各类业务信息。征信信息基础数据库分阶段向政府部门、金融机构、信息服务机构提供信用信息服务,逐步深化信用服务能力。

三是大数据中心。大数据中心是智慧城市公共服务体系的中心,涉及的关键技术包括大规模并行处理技术、可以处理非结构化数据的分析引擎、专业数据挖掘算法工具、可视化分析及商业智能工具和基于 Hadoop 的大数据存储及工具等。大规模并行处理技术可以分析城市大数据中的结构化数据。商业化的基于列式存储等先进技术的并行数据库可以大幅提高大数据的查询与分析能力,比传统数据库有几十倍至上百倍的性能提升,并可以支持标准的SQL查询语言,使得在传统关系型数据库下难以完成的大数据分析查询,可以在几秒钟内返回结果,是大数据处理的核心组件。

这类数据库主要采用多种技术来实现大规模的数据处理能力。首先,这类数据库多采用列式储存的方式,这与面向交易的行式储存的传统关系型数据库不同,只查询相关数据列可以节省不必要的磁盘数据读取,加快查询速度。其次,这类数据库的每列都是通过一定的压缩算法存入磁盘的,压缩比可达几倍至数十倍,减少了耗时的磁盘读取。最后,也是最关键的,这类数据库可以支持集群部署,可以利用Share-Nothing服务器集群的计算能力来线性扩展数据查询及存储能力。处理非结构化数据的分析引擎是处理城市大数据中大量的图像、视频、音频等非结构化数据的必备技术。可处理非结构化数据(主要是文本、视频、图像、音频等)的非结构数据引擎是中心的另一关键组件,具有基本的中文分词能力、全文索引能力、按相似性算法将查询结果排序后输出的能力、模糊查询能力以及视图分析处理能力等。为了更好地适用于大数据量的处理,引擎也应支持集群部署,可无限扩展其处理能力。专业数据挖掘算法工具是处理复杂信息数据的关键组件。除了一般的基本数据分析,一些高级的分析算法,例如机器学习的分类与聚类算法、关联分析算法等,是难以利用数据库引擎来实现的,这时就需要专业化的数据挖掘算法工具的支持。因为地理信息大数据及国土、城管等行业数据是相当复杂的,采用数据挖掘算法来分析是必不可少的。基于城市大数据的可视化展示是智慧城市公共服务体系建设的重要内容,数据可视化工具可以将处理分析后的数据以多种图表的方式展现给最终用户,使用户可以直观地理解数据的内涵及意义,是大数据的最终用户出口。

四是基于"两平台、一中心"的智慧政务应用。加快发展智慧交通是解决城市交通拥堵,推进交通运输管理创新,完善综合交通运输体系的重要抓手。智慧交通主要包括交通信号控制、电子警察、区域车辆监控、区域车流分析、道路信息发布、智能停车引导等内容。智慧安防能够切实提升城市安全性，也是其他智慧化应用提供的可视化资源整合共享的基础。智慧安防主要包括应急管理、安全综合管理、安全生产防护、平安城市监控等内容。智慧城管的覆盖领域随着政府对城市管理业务的梳理、兼并越来越宽泛，几乎涉及城市正常运行的方方面面，对其开展的智慧化应用建设既是政府深化改革、提升办事效率的需要，也是提升城市整体环境的客观需求。智慧城管的建设将创新城市社会治理模式，加强以物联网技术为核心的监测预警、市场监管、安全管理等工作，构建一体化、扁平化、智能化的综合城市治理体系。

（二）智慧产业中的信息资源整合

与传统产业相比，智慧产业更加注重生产要素间的有效整合、高效配置，重视生产环节间的深入整合、深度融合。下面，我们主要以传统工业的智慧升级、智慧园区和智慧旅游为例进行分析。

一是传统工业的智慧升级。传统工业的智慧升级是新一代移动通信、物联网等技术在化工、冶金、纺织、建材、电力等传统产业领域中的广泛应用，以信息化对传统产业进行改造，推动生产设备数字化、生产流程智能化、生产管理信息化。运用现代信息技术对传统产业产品的外观设计、工艺流程、功能配置等进行升级，有利于推动传统产业从粗加工向精深加工方向升级。

二是智慧园区。智慧园区建设是当前智慧城市建设的一项重要内容，对于一个城市的产业升级和产业政策的实施具有重要作用。

三是智慧旅游。物联网、云计算、大数据等新兴技术在旅游产业发展、旅游体验、旅游管理等方面的全面应用，使旅游物理资源和信息资源得到高度整合和深度开发。运用信息技术可以提升旅游服务体验，及时准确收集旅游活动信息,加强旅游舆情监控和数据分析,深入挖掘旅游热点和游客兴趣点,更好地服务于公众、企业、政府。

(三)智慧民生中的信息资源整合

智慧民生基于信息数据的高度整合,通过移动端各类城市服务的应用,打通民生服务的最后一公里。下面,我们主要以智慧医疗、智慧教育、智慧社区等为例进行分析。

一是智慧医疗。构建智慧的医疗信息网络平台体系,可使市民享受更加安全、便利、优质、高效的诊疗服务,从根本上解决"看病难、看病贵"等问题。卫生数据中心建设方面,建设并完善居民电子健康档案数据库,支持卫生机构间的信息共享及业务协同。以建立健全电子病历为核心,实现医院内部信息资源整合和共享,提升服务效率。借助人口健康信息平台共享交换居民基本健康信息、检查检验结果等,实现居民电子健康档案与电子病历的实时动态更新。基础平台建设方面,通过医院、社区健康服务中心两级智慧医疗基础平台,构建智慧医疗四层架构(如图 4-9 所示),形成纵向到底、横向到边的格局,实现卫生计生资源整合。建成后的平台,支持居民在各家医疗单位的无差别就诊及健康信息的随时随调阅;支持各医疗卫生机构之间、卫生与计生部门之间、各业务条线之间的业务协同与联动,为居民提供个性化的人口健康信息服务,为临床及公共卫生医师提供智能业务支持,为卫生计生部门及管理者提供业务监督、综合管理与卫生应急等服务。远程医疗会诊方面,构建基于智慧医疗基础平台的远程会诊平台,扩展并整合已有的各类远程会诊系统,逐步实现远程专科诊断、监护、术后指导、预约服务等功能,提高面向民众的医疗服务能力。

二是智慧教育。智慧教育指运用现代信息技术来促进教育事业的改革与发展,它以信息化、智能化、多媒体化为技术特点,以开放、协作、共享为主

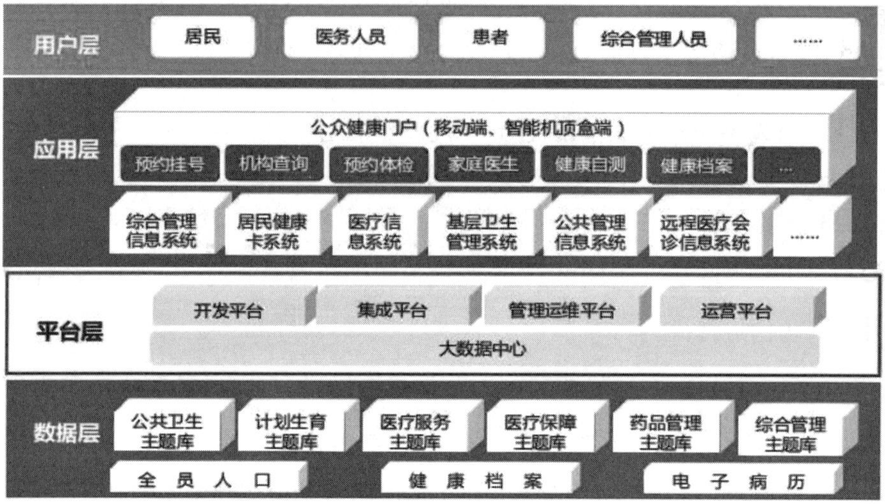

图 4-9　智慧医疗四层架构

要特征。教育资源云服务方面,通过统一标准的教育基础信息资源服务平台,规范教育信息资源,整合优质教育资源,构建教育云服务数据资源中心,为不同教育对象服务。教育管理云服务方面,利用信息技术密切上下级之间、不同职能部门之间的数据共享与沟通协调,提高决策科学性。教育应用云服务方面,按照统一平台、统一标准整合与建设教育云服务应用系统,通过平台建设促进信息技术与教育全面深度融合,共享传播高质量教学资源、信息资源,促进教育教学、学习和管理创新,增加高水平的师生互动,引导学生进行主动式、协作式、研究型学习,推进教育均衡化发展,提高教育质量。

三是智慧社区。智慧社区是集成应用新一代信息技术,为社区居民提供现代化、便捷化、智慧化生活环境,基于信息化、智能化社会管理与服务的新型社区。智慧物业管理方面,整合门禁系统、电梯管理、闭路监控管理、停车场管理等相关物业管理系统,实现社区各独立子系统的集中融合。智慧养老服务方面,基于宽带信息网络和先进的物联网技术手段,提供面向居家老人的看护服务,构建以信息资源整合共享为基础的生态养老模式,提供实时、高效、智能的养老服务。对老年人的性格、生活习惯、兴趣爱好等信息进行分析,进而提供更具个性化的生活、娱乐服务,满足老年人的精神需求。智慧家居方面,以家庭住宅为载体,构建集系统、结构、服务、管理为一体的高效舒适、安全便利、低碳环保的人居环境。

二、智慧城市应用子系统中的信息资源整合案例研究

广东省政府的头号政务工程“数字广东”建设可作为应用子系统指导下智慧城市公共服务体系中的信息资源整合的典型案例。为配合广东省“数字政府”改革,2017 年 10 月,腾讯、联通、电信和移动共同投资成立数字广东网络建设有限公司,其主要业务是为数字政府建设提供方案设计、技术支撑;建设运维省级电子政务基础设施和系统;提供系统管理、数据融合、应用开发、安全维护等专业化的技术服务。腾讯提出的“数字政府”解决方案针对传统政府部门缺协作、系统缺互联、数据缺共享、业务缺协同等问题,从信息资源整合方面入手,建设省级政务云平台(如图 4-10 所示),并围绕不同的服务对象和业务需求,提出“3 +3 +3”建设目标,即围绕政府公务人员构

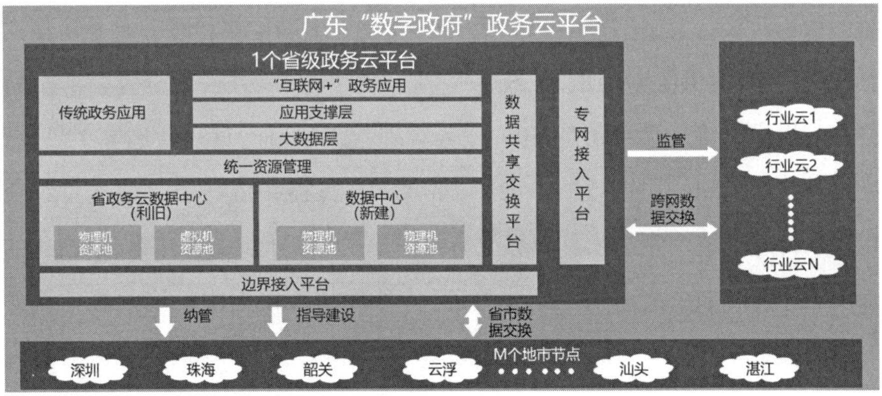

图 4-10　广东“数字政府”政务云平台

资料来源:根据腾讯“数字政府”解决方案整理

建协同办公平台，实现业务整体协同，提升行政效能；围绕广大民众，搭建“粤省事”小程序、广东政务服务网，通过数字化与智能化改善民生生活；围绕社会法人，搭建广东政务服务网，提供便捷服务，打造营商环境新优势。

（一）建设省级政务云平台

广东省级政务云平台采用两地三中心模式，部署2000多台服务器。政府通过管运分离模式，采取租赁云服务方式搭建统一省级政务云平台，并逐步整合已建省级电子政务云平台，整合利用省级IT资产，建设统一云资源管理平台。N个特色行业云平台针对不同行业。对安全隔离要求较高的行业单独建设云平台，新建云平台参照省级政务云标准建设，实现统一纳管；已建行业云与省级政务云整合对接，实现安全互认，共享互通。M个地市级政务云平台针对不同地市。新建地市节点参照省级政务云标准建设，已建地市节点开放资源监控接口，实现省对地市统一纳管。

（二）构建协同办公平台

协同办公平台采用SaaS（软件即服务）化部署方案，支持各厅局办公系统的快速对接和实施（如图4-11所示）。平台提供PC端和移动政务微信两个统一门户，提供统一通讯录、统一待办等统一服务功能，为全省公务员协同办公提供支持。平台涵盖督办、任务管理、会议管理、日程管理等工具，帮助提升各厅局间的协同效率。同时，平台支持按需拓展各类自建或集约应用。平台通过统一集约工具和部门特色系统接入，可形成多样化、个性化的部门工作台。如公文事物一站式处理，待处理的工作集中汇聚到统一待办工作台，用户可以随时随需、移动化处理公文流转、行政审批、督查督办和内务审批等事务，电子公文、电子文件和数字文档可以跨地区、跨层级、跨部门共享，大大提高公文流转、办理效率。

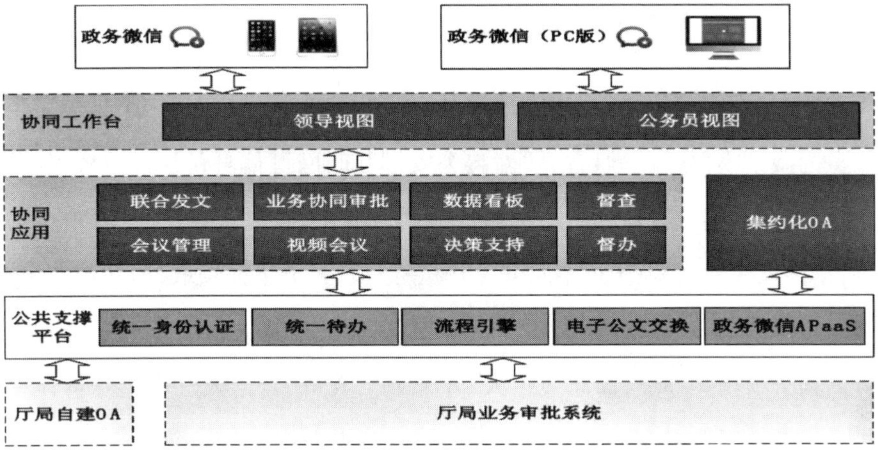

图 4-11 协同办公平台

资料来源:根据腾讯“数字政府”解决方案整理

(三)升级省级政务服务网

广东政务服务网通过互联网资源整合,实现了全省政务“一网通办”,大大提升了政府办公效率,并便利了民生服务。法人及个人都可通过此平台办理行政权力、公共服务相关的事务。对于种类繁多、涵盖面广的各项事务,网站平台会按照热度、主题、部门等进行分类,使办事人能够各取所需,提升了办事效率。本着高效便捷、公开透明的原则,平台向社会公开政务信息、政务清单(行政权力清单、公共服务事项清单、行政审批中介服务事项清单、政府专项资金管理清单等),并提供操作指南。办事人也可以通过平台提供的与政务相关的在线咨询、评议等服务行使监督权利,并与平台互动发表意见。平台会定期发布监督结果,方便办事人进行跟踪监督,以提升服务质量。此外,广东省还推进服务模式改革,让办事人少跑腿,优化民生服务,共享网上政务发展成果。目前,广东政务服务网已进驻行政许可事项125,221项,已进驻公共服务事项754,028项。

（四）开发“粤省事”小程序

广东“数字政府”首个建设成果是“粤省事”小程序，它是一个集成民生服务的微信小程序。“粤省事”对接公安部互联网可信身份认证服务平台，提供“实名＋实人”身份认证，可统一管理驾驶证、行驶证、社保卡等电子证件；提供社保缴纳、电子税票服务、结婚登记预约、出生证领取、居住证登记、交通违章处罚、一键移车、公积金查询领取、灵活就业人员公积金自愿缴存等高频事项指尖办理；面向残疾人、外来务工人员、老年人三类特殊群体提供残疾人办理残疾人证、享受困难补贴、老年人养老金异地领取、劳动人事调解仲裁以及围绕居住证积分入户、外来子女享受教育等的多项“指尖办理”服务；推动优化营商环境，汇聚各种便企利民的公共服务项目。

总体来看，腾讯在“数字广东”建设中，以大数据、云计算、物联网等新一代信息技术为手段，对各类政务系统进行归并，对各类政务数据进行整合，对各类公共服务项目进行优化，构建了大平台、小前端、富生态的公共服务体系，提升了政府效率，优化了营商环境，改善了群众体验。

但不足之处在于，应用系统要求的不仅是数据收集、整合、利用的单向过程，还包括效果、反馈、改进的互动过程，满足这样的要求后，才能将目前的“数字政府”真正提升为“智慧政府”。此外，广泛多源的数据感知、双向互动的信息流动更加有利于满足人们的美好生活需要，更加有利于智慧城市整体优化目标的实现。另外，智慧城市公共服务领域不仅涉及政务数据信息，还涉及企业、社会组织等数据信息。“系统树”模型注重解决智慧城市建设中舍本逐末、脱实向虚，重技术轻需求等问题，强调将以人民为中心的发展思想贯穿智慧城市建设全过程、贯穿信息资源整合全过程。以“系统树”模型指导智慧城市公共服务体系建设，既强调信息数据在基础设施体系中的多源感知，也注重在数据融合体系中的整合分析，还关注政府、企业、市民以及社会组织等城市主体对智慧应用的使用反馈,关注供给信息与需求信息的双向互动,实现由"数字"到"智慧"的革命。

三、智慧城市应用子系统中的信息传播

在智慧城市的应用子系统中,公共服务是政府公共服务体系中的重要一环,也是公共服务型政府在城市管理领域的充分体现。公共服务的信息传播要利用大数据、云计算等技术,掌握城市基础数据、政务数据、服务数据、行业数据等,实现信息共享化、服务智能化、决策科学化。通过资源整合与信息传播,提高政府治理能力,构建健康良好的城市生态。

(一)通过数据挖掘技术,获取各行业公共服务数据

如图 4-12 所示,通过广泛多源的数据感知,获取政务信息、企业信息、社区信息、市民信息等跨地区、跨层级、跨部门的信息资源,建立大数据中心,实现数据的信息共享。通过行业云、政务云、社区云等平台,加强数据的交互与整合,优化各种信息,畅通信息传播渠道,为城市决策提供数据支持。加强对文本、视频、图像、音频等的非结构数据的整合分析,通过信息协同与优化,加强信息在智慧政务、智慧产业、智慧民生的应用,提高政府城市治理能力,提升智慧城市公共服务的现代化水平。

(二)通过"互联网+"的公共服务模式,提高智慧服务水平

缺少信息整合与协调,会造成政府部门缺协作、系统缺互联、数据缺共享、业务缺协同。在智慧城市的公共服务体系中,公务员协同办公,提高办事效率;民生服务智能化,提高百姓生活水平;搭建法人服务平台,塑造良好窗口形象。智慧产业方面,提高生产要素的使用效率,通过大数据实现生产流程智能化、生产管理信息化、生产决策科学化,促进产业升级。智慧民生

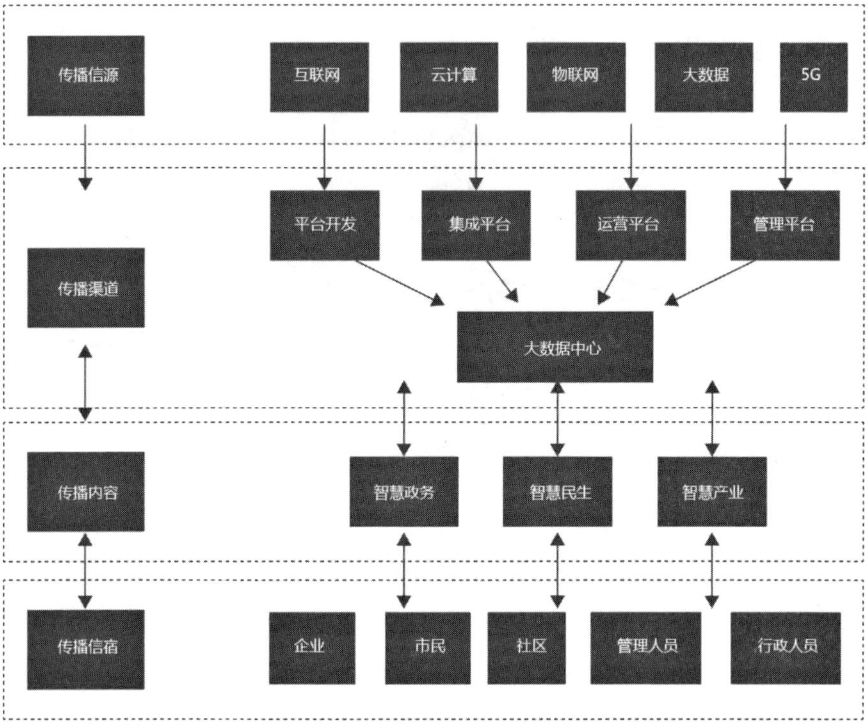

图 4-12　智慧城市公共服务的信息传播混合模式

方面，通过大数据使市民享受高效、顺畅、优质的信息服务，特别是在医疗、教育、养老等领域，优化民生服务，提高服务效率。

（三）加强用户的信息反馈，优化公共服务效率

通过直播访谈、网上咨询、评议、建议等互动服务，加强信息的整合、反馈，优化服务流程，提高服务质量，优化营商环境，改善城市形象。反馈机制能够获取用户反馈，有利于提高监管、审批、决策水平，有利于拓宽政府与市民零距离接触的渠道，提升政府的窗口形象，感知民声民意。通过信息化支撑、网格化治理、精细化服务、社会化参与，提高社会治理的现代化水平。

第四节　智慧城市循环子系统中的信息资源整合分析

一、智慧城市循环子系统中的信息资源整合机制与模式

从“系统树”模型的循环子系统来看，信息整合与处理的产物不仅可以作用于消费端，同时可以作用于子系统自身，并能够通过智能调配反作用于信息资源的收集与整合。因此，对于智慧城市的建设，不仅要关注各系统、各层级、各区块间的因果关系，也要关注生克关系，即作用与反作用的关系。两者的结合才能够真正实现系统自身以及智慧城市的整体优化。所以，应在循环子系统的指导下，从各体系的关系进行把握，从整体优化的角度强化信息资源整合（如图 4-13 所示）。

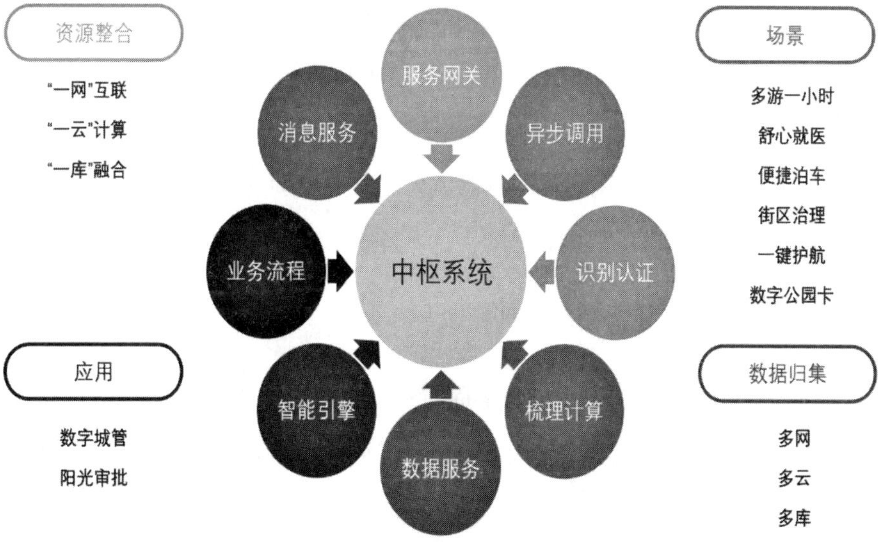

图 4-13　循环子系统中的信息处理中枢系统

(一)信息资源整合的弹性可拓展

信息资源“弹性可拓展”为循环子系统提供了灵活机动的可调配数据资源,是保证循环子系统可持续运作的基础。组成智慧城市的要素十分多样,人、人与人组成的组织、基础设施、自然环境共同构成了城市,这些要素又拥有不同的属性、特征。随着经济的发展、社会的进步、技术的更迭,各类基础设施的功能外延不断拓展,城市主体的个性化需求也不断提高。因此,在构建智慧城市基础设施体系、数据融合体系、运行管理体系、公共服务体系时,要坚持前瞻谋划、前瞻布局、前瞻设计。比如,基础设施体系中的信息基础设施建设要预留一定的空间或端口,以备升级使用;数据融合体系中的数据存储能力建设要充分考虑未来的“信息爆炸”趋势;运行管理体系要谋划未来智慧城市建设的发展方向,提前布局相关智慧应用的设计、开发等。周振华指出,“在信息网络化社会中,分属于不同经营领域的复数市场主体通过信息网络、协同合作开发新产品,可以更迅速地满足不断变动的多方面的消费需求,获得更好的经济效果”。智慧城市系统设计中的信息整合便是一个协同合作、创造更大经济效益的过程,也是一个不断变动、需要适应市场变化的过程。

(二)信息资源整合的双向可反馈

“双向可反馈”是循环子系统的核心。在目前的智慧城市建设中,数据单向输出并作用于消费端是普遍的特点。对于智慧城市,信息资源即流动的能量。信息的产生、汇聚、提炼、使用过程就是能量不断聚集并被消费的过程。但是,这种能量不应该仅仅局限于单向流动。城市中的所有要素既是信息的产生者,也是信息的使用者。以交通为例,行人的个体行为作为数据被采集,汇集起来成为城市交通指征数据,经过智能交通系统分析和信号灯控制等手段,反作用于行人,分散交通压力,缓解交通拥堵。在整个过程中,信息的流动和提炼产生了价值,并被消费。各体系间的相互作用应建立在信息资源的双向互动基础上,基础设施体系既要感知最原始数据,也要根据发展需要的信息反馈,对感知方向和获取内容进行相应的调整。数据融合体系既要对海量信息进行整合、分析,也要对冗余数据的来源、内容等进行反馈,以提高数据获取的有效性。运行管理体系既要在数据分析结果基础上作出科学决策,也要强化评估考核,对智慧城市运营中存在的问题进行及时改正,提升管理水平。公共服务体系既要为公众、企业等社会主体提供服务,也要根据服务对象的反馈及时优化服务内容、服务方式。由此看来,只有确保信息资源和能量的双向流动,才能使循环子系统自身得到优化,从而更好地提高子系统利用效率,并保证子系统有更高效且可持续的产出。

实现信息资源整合的双向可反馈的效果,需要建立信息双向流动的机制。在以传媒为中介的信息集成平台中,媒介与核心关联产业、非关联产业、内外部系统之间的信息流动都是双向的,信息集成平台与智慧城市信息平台之间也需要建立互通机制。用户与信息平台之间的沟通机制同样应被关注。智慧城市信息集成平台中的用户,不仅为系统设计提供信息支持,还使用信息,从智慧城市信息集成平台中获益。传统的智慧城市系统设计往往漠视用户这一要素。实际上,用户既是智慧城市系统设计的起始,也是智慧城市系统设计的终端,联结这一起始与终端的便是信息资源。因此,有必要依托媒介建立起用户与信息平台之间的长效沟通机制。

(三)信息资源整合的惠民可共享

"惠民可共享"是循环子系统的最好体现。"智"是技术手段,"慧"是根本目的,智慧城市的根本理念是以人为本,其着力点和落脚点是惠民。因此,智慧城市建设不仅要实现物质与技术的便利、制度和秩序的优化,更要承载市民的幸福感、获得感、安全感，承载人民对美好生活的向往。只有坚持以人为本，引领智慧城市建设，才能推进城市可持续健康发展。智慧城市系统设计中的信息资源整合，特别是基础设施体系、运行管理体系、数据融合体系、公共服务体系、整体优化体系中的信息资源整合，都要坚持以人为中心，把服务人民体现在智慧城市建设的各项工作中，以数据收集为基础，以资源整合为手段，满足人民全方位的信息需求。其一般规律是以人为中心的数据集中、信息集成到资源重组、流程重构，再到系统共建、服务共享。

（四）信息资源整合的平衡可持续

“平衡可持续”是循环子系统的最终目标，也是循环子系统指导下的整体优化体系能够平稳正常运作的根本保证。城市作为“社会—经济—生态”的复合系统，由自然环境、社会经济和文化科学技术共同组成，包括作为城市发展基础的房屋建筑和其他设施以及作为城市主体的居民及其生产生活的一切活动，它是市民与其生活环境相互作用、相互影响形成的统一体，也是人类适应、加工、改造自然环境所建立的特殊人工生态系统。正如生态系统中能量与物质的输入输出使系统能够保持稳定一样，智慧城市中信息的流动也会产生不可估量的价值，进而使要素间可以平衡。这个平衡的表现是多样的，比如人口结构相对完善而稳定、自然环境不因人的活动而被过度破坏、建筑物能够坚固且节能、交通不会过度拥堵，等等。

（五）信息资源整合的安全可控制

“安全可控制”是循环子系统的基本前提。网络安全是智慧城市建设必须高度重视的一个问题。安全是发展的基础和前提，发展是安全的支撑和保障，安全和发展相辅相成，必须同步推进。从安全的角度考虑，智慧城市建设应当谨慎对待外资企业的参与，包括购买相应的外国软硬件等基础设施。建设者在智慧城市建立之初就应该具有安全意识,并建立相应的制度和应急保障。

二、智慧城市循环子系统中的信息资源整合案例研究

循环子系统的最终目的是实现整体优化。近年来,芜湖市以大数据为支撑,以“互联网+”为纽带,坚持“以信息技术推动智慧应用,以智慧应用倒逼机制创新”,推动“智慧基础设施、智慧惠民服务、智慧城市治理、智慧政务管理、智慧产业经济”五位一体的智慧城市建设,并在基础理论体系“城市大脑”的指导下,初步实现了智慧城市建设的整体优化目标。

(一)智慧芜湖的基础设施优化

芜湖市大力推进智慧基础设施建设,筑牢信息要素资源基础。建立通信网络发展联席会议制度,持续提高通信网络承载和覆盖能力,完善云计算、物联网等智能设施,建设城市大数据,为智慧城市建设提供保障。

一是畅通网络通道。芜湖市在全省率先建成“全光网市”,全市城市宽带网络50Mbps以上、农村宽带网络10Mbps以上速度接入能力达100%,全市3G/4G网络覆盖100%,全市固定宽带接入户数76.8万,固定宽带家庭普及率63.5%,全市移动(3G/4G)用户231.6万,普及率63.4%。政务网络横向覆盖到所有市直单位,纵向覆盖到县(区)、镇(街)和村(居),为信息化建设应用提供了畅通的运行网络。

二是整合政务数据资源。采取“以租代建、政府购买服务”的建设运营模式,选址高校园区“芦花荡”湖面,按照水循环策略和绿色、节能理念,建成全市政务云计算中心,通过国家信息系统安全等级保护三级评定。整合市直各部门数据资源,迁入集成121个单位、173个应用系统,由政务云平台为新建信息化项目需求提供支撑,平均每年节约资金近2000万元。

三是建设政府大数据库。出台《芜湖市政务信息资源共享交换管理办法》,规范政府数据交换共享、维护管理、开发利用和安全保障。整合公安、民政、市场监管、卫生等220多个政府部门、1200多个大类的数据,数据交互量达600多亿条次;设立全市人口库、法人库、地理信息库、行政公共服务库、电子证件库、征信库等17个专题数据库;提供数据共享服务660多个,为全市开展“互联网+政务服务”和网格化城市治理提供了应用支撑。

四是完善公共支撑平台。围绕人的全生命周期服务,持续建设完善政务信息资源共享交换平台,建立数据目录维护机制,支撑大数据建设。依托持续更新的城市勘测地图,不断完善全市统一GIS共享平台,为各类网格化管理应用提供支撑。推动实施“天网”和“雪亮”工程,整合构建视频资源共享平台。建成同城异地容灾备份中心,实现全市96个单位或部门、142项重要业务数据和系统的灾难备份。

(二)智慧芜湖的惠民服务优化

芜湖市突出公民、法人这些服务对象,推进智慧惠民服务,深化“互联网+政务服务”,运用“互联网+”,协调打造“线上一网办、线下一门办、最多跑一次”的惠民模式,不断满足人民日益增长的美好生活需要。

一是着力推行网上政务。依托电子证件和数据校验,依据政务服务目录清单,大力精简办事所需材料,简化办事服务流程,发布线上办理的公共服务事项。以居民身份证或企业信用代码作为认证号码,推行“一窗受理、全城通办”,居民就近到服务中心提交资料、扫描上网,由平台负责转办、反馈;在线上通过安徽政务服务网芜湖分厅,推行“一号认证、一网通办”。办事所需材料精简率达25%,办理时间压缩30%,按时办结率、群众满意率均接近100%。

二是着力优化信息惠民服务。通过“城市卡”集成政务服务、公共服务、金融服务、信用服务,开发"城市令"手机 App,构建"一卡通用、一端服务"的惠民服务格局。通过"城市令"App 实现居住证、老年证等热门事项全程网办和"小升初"、文化馆等热门教育网上报名;实现公共场馆扫码进入和大型公共区域 Wi-Fi 免费接入。"城市令"App 还具备实时推送社保和公积金账户、城市卡钱包、交通违章记录等信息的功能。

(三)智慧芜湖的城市治理优化

针对自然人、法人和空间三类治理对象,芜湖市在社会管理、市场管理、城市管理等方面推行网格化综合管理,形成城市治理共建共管共享的良好态势。

一是一张底图分网格。依托 GIS 空间地理技术,划分近 4000 个社会管理网格,并整合配备相应的网格员。

二是一个平台纳事项。建设城市管理事项清单、社会管理事项清单、市场监管事项清单,并将其纳入相应网格化管理平台,通过平台实现对管理事项的实时信息共享联动。

三是一个体系促运行。网格员按照管理事项清单开展巡查,通过手机终端实时上传巡查结果和异常信息,辅以物联网技术实时采集数据信息,及时上报各类监管问题。网格化管理平台接收到上报问题后自动分发交办。

四是一套机制保长效。网格化管理平台体系由全市统一建设,不在县区单设,依托市县两级网格化管理指挥中心实现协同运转、常态运作。

五是一呼百应广发动。创新"人人参与、人人尽力、人人享有"的共建共享社会治理思路,推行"全民社管",针对已完成案卷通过"城市令"App 向市民发布"红包核查"任务,鼓励居民参与抢单核查,并给予其一定奖励。

(四)智慧芜湖的政务管理优化

围绕大数据和智慧城市发展目标内容,芜湖市不断推进智慧政务管理,完善项目管理和安全管理制度，推进信息化、标准化和规范化建设，加快构建社会信用体系，打造高效透明政府。

一是加快社会信用体系建设。建成芜湖市社会信用“一网一库一平台”，建立完善公共信用信息征集共享使用管理制度和工作机制，归集220余个单位或部门信用记录5400多万条，公示信息240多万条，“七天双公示”工作位居全国前列，完成统一信用代码核发换证工作，并实现与国家、省信用信息实时交换。基于信用信息，多部门共同开展失信联合惩戒和诚信激励应用。在网上服务中，事前实施办事材料信用承诺，事中通过大数据校验进行信用记录，事后开展信用奖惩的应用。将企业信用记录与财政资金奖补、招投标、高新技术企业申报等行为挂钩，并向金融领域开放。打造大数据支撑下的“征信机构+银行+担保”的融资新模式，引进第三方征信机构4家，发放“信用(易)贷”6.36亿元。推行反映市民信用水平的个人信用积分——乐惠分，将个人信用积分集成至城市卡中，并拓展在政务、商务、公共服务等方面的应用场景。开发信用大数据分析系统，对可能发生的重大风险、群体性风险、趋势性风险进行预警，为主管部门提供决策分析依据。

二是探索高效政府运行平台建设。按照项目管理、流程管理的理念建设市政府政务办公平台易政网，以促进部门间信息互通为基础，对各政府部门现有常规协作任务进行流程固化、过程监督和效果评价，探索从时间、成本和范围来描述任务，实现政务工作线上分派、状态可视、过程可控，工作结果和成效量化考核，优化政务管理。

三是强化信息化项目全过程管理。依托《芜湖市信息化项目建设管理办法》，进一步完善实施细则、专家库管理、费用支出、验收管理等配套政策，推行应用信息化项目管理平台，实现对项目申报、立项、论证、实施和验收的全过程监管。在满足业务需求的前提下，管理节约资金25%以上。

四是探索建设决策分析平台。通过数据挖掘整理，加强对经济数据、社会数据、监管数据、实时路况、密集人群、热点区域等的数据分析,强化政府的实时协同和指挥调度,支撑政府科学决策、预报预警和应急处置。

五是加强网络安全管理。制定政务云计算中心运行维护规范,落实安全管理责任。坚持政府部门网站安全监测全覆盖,按月进行通报。组织网络安全专题培训和知识技能培训,开展网络安全检查。对于省网信部门和公安部门通报的问题,及时协调和协助各单位整改落实,确保芜湖市网络安全形势平稳。

(五)智慧芜湖的产业经济优化

围绕智慧产业发展,芜湖市积极开展招商引资,协调对接科大讯飞、华为、360 和旷视科技等企业,推动云计算、物联网、大数据、人工智能等项目落地,并以此为基础积极谋划大数据产业,推动传统产业和实体经济数字化融合改造,推进形成智慧城市应用和智慧产业发展相互促进的良性格局。

一是加强产学研合作。围绕“互联网 +”,发挥市政府与安徽电信、清华大学、科大讯飞等合作组建的安徽大数据工程研究中心作用;推动市政府与中国科学技术大学全面合作,共建智慧城市研究院,全面开展智慧城市协同创新研究。协调引进安徽省农业大数据中心、安徽省电子认证大数据中心落户芜湖。

二是协调产业经济发展。中国电信(芜湖)云计算中心建成启用,它是中国电信集团唯一部署在非省会城市的云中心,并拟作为大数据产业的起步区扶持推进。加快建设政务大数据开发实验室,完善数据开发利用工作规范,围绕智慧农业、高效物流、智能制造、金融征信、智慧城市运营等领域,引进和培育大数据企业,推动以大数据、软件服务和互联网为代表的智慧产业集聚发展。

总体来看,芜湖市“五位一体”模式涵盖基础设施、惠民服务、城市治理、政务管理、产业经济等领域内容，是整体性、系统性较高的智慧城市循环子系统，基本实现了整体优化目标。但在信息资源整合过程中，芜湖市也遇到了一些问题和困难：国家级、省级信息系统相互分散、独立运行，自上而下的信息孤岛、数据烟囱现象仍较普遍，整合协同的难度大；业务部门的信息化意识和工作方式仍待转变，推广应用水平亟待提升；产出的数据虽然有意识地作用于系统优化，但是没有全面应用于系统质量的提升。“系统树”模型注重由平面即期向立体持久转变的大思维谋划，强调智慧城市建设要遵循系统科学理论、系统工程方法，秉承系统思维对智慧城市进行全要素立体化分析，利用信息化手段分析总结智慧城市发展原理，全面立体解析智慧城市架构及其内在逻辑关系，注重强化层级子系统、区块子系统、应用子系统和循环子系统中基础设施体系、运行管理体系、数据融合体系、公共服务体系之间的互联互动，致力于弹性可拓展、双向可反馈、惠民可共享、平衡可持续、安全可控制等目标，对更好实现智慧城市建设的整体优化具有重要指导作用。

三、智慧城市循环子系统中的信息传播

在循环子系统信息传播的过程中，受众的反馈是提升传播效果的有效措施，是信息传播的系统性、整体性中的重要一环，是双向互动传播的重要部分。如图 4-14 所示，充分发挥企业、社区、用户在信息传播过程中的反馈作用，改变单向的、线性的传播模式，可以促进智慧城市信息传播的可持续的、良性互动发展。

（一）加强用户对信息的反馈，提升信息传播效果

信息反馈与优化是构建智慧城市信息传播的重要环节。构建数字化的信息反馈平台十分必要，这将提升信息传播的效果。在城市的信息反馈模

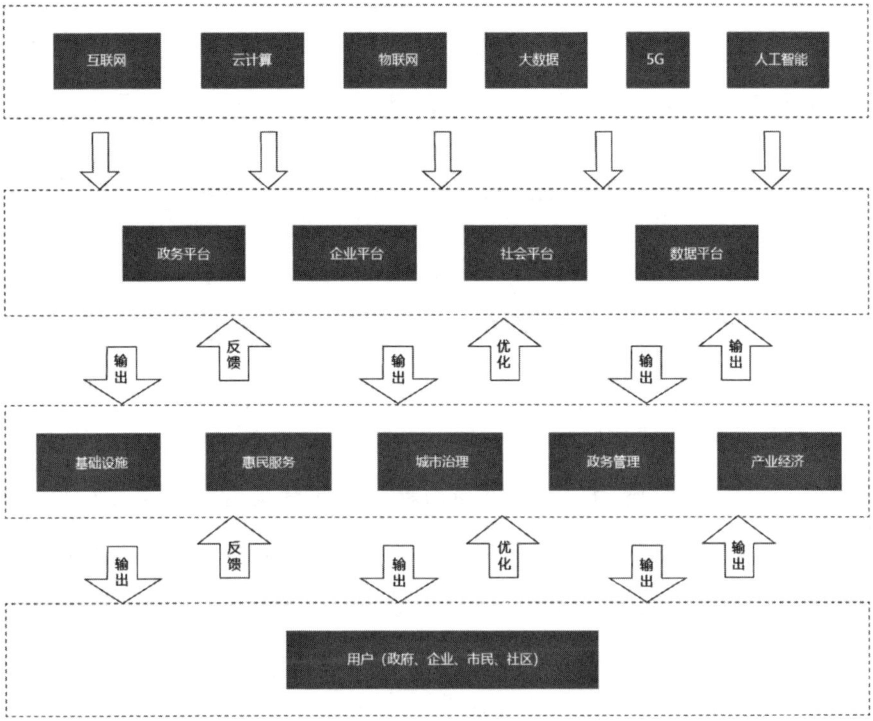

图 4-14　智慧城市信息传播反馈模式

式中，政府、企业、社区以及市民等用户既是传播的客体，同时也是传播的主体。用户的信息反馈作为信息传播的起点重新反馈到大数据中心，数据平台对这些信息进行集成、筛选、分析，为智慧城市进一步优化传播奠定基础。

（二）分析用户的信息反馈，优化政务管理、惠民服务、产业经济的信息传播

信息反馈的目的是使惠民服务更加便捷顺畅，政务管理更加科学规范，经济发展更加强劲持续。以芜湖市信息优化整合为例，在政务服务方面，推行网上政务、开发“城市令”手机 App 惠民服务，群众信息反馈的满意度接近100%；在城市治理方面，形成网格化治理平台，网格员积极上传反馈各种巡查的结果与信息，形成自然人、法人共同参与的共建共管共享的信息传播平

台;在惠民服务方面,简化流程,线上办公,用身份证或企业信用代码实现一卡通用,一端服务;在产业经济方面,将信息传播与产业发展结合起来,通过大数据与信息资源为企业的融资、营销、物流、技术、人才等方面提供支撑。

(三)构建双向可反馈的信息传播模式,打造智慧城市的长效沟通机制

智慧城市信息传播的终极目标是形成可拓展、可反馈、可共享、可持续、可控制的良好信息传播机制,减少信息孤岛、信息鸿沟现象,为智慧城市提供信息支撑。可拓展就是充分考虑5G、物联网等技术带来的"信息爆炸",信息挖掘、采集、传播与时俱进。可反馈就是注重信息的双向多向流动,随时采集反馈信息,了解用户的意见与需求。可共享就是构建以人为本的大数据中心,共建共享数据,满足各方需求。可持续就是优化信息的输入输出流程,构建信息传播的长效机制,持续为智慧城市提供信息服务。可控制就是保护个人和企业的信息安全,防止信息侵权行为的发生,保护公民与法人的合法利益,特别是加强对信息集成平台的掌控,以防信息泄露与黑客攻击。

第五节 智慧城市运行管理体系中的信息资源整合分析

一、智慧城市运行管理体系中的信息资源整合机制与模式

智慧城市这个"大系统"从初始规划到落地建设,包含很多子系统的管理和运行。从系统经济学的角度来看,智慧城市的运行管理在科技、社会、市场、资本、政策和体制各种力量不断交织的作用下,在不同阶段呈现出不同的特征。如何维持智慧城市的高效运转,不断优化城市资源配置,提高城市信息化水平,提升公共服务效率,为城市居民创造更为舒适、智能的生活

环境,是现阶段智慧城市建设中面临的重大课题。智慧城市运行管理体系,就是借助信息化手段对城市信息资源进行市场化运作,以实现最优化资源配置和最大化综合效益。根据建设场景选择不同的运行管理体系才是提升智慧城市信息资源整合的最优方法。

(一)运行管理体系中的三角机制

在经济体系发展的早期,“政府管制”的概念就已经产生。这一概念最早是伴随产业革命的发生而出现的。随着社会进步与经济发展,在智慧城市的建设和管理中,政府管制的作用也在不断凸显,主要分为两方面:一是经济性管制,二是社会性管制。智慧城市的建设、运行和管理离不开政府,也离不开市场和社会。政府、社会、市场三者形成了一种稳定的三角关系(如图4-15所示)。

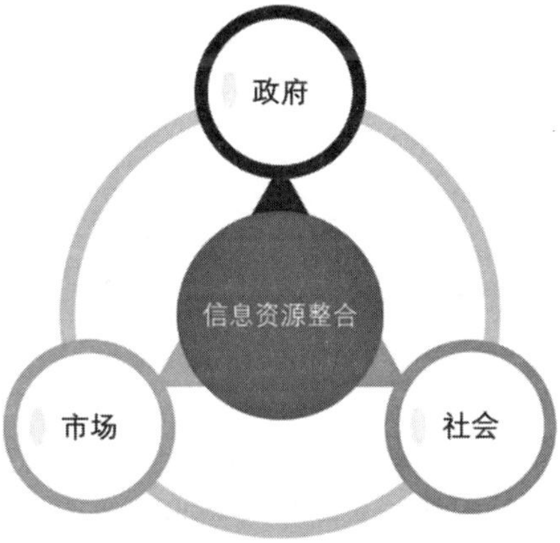

图 4-15　政府、市场、社会关系

相较于以往的城市运行管理模式,智慧城市在循环反馈中,对于系统的稳定性、灵活性和可持续性等方面强调更多。因此,将政府管制机制映射到智慧城市当中时,单方面的“管制”会变成稳定性更强、灵活度更高、可持续性更好的“决策”，即政府由管制的主体变为决策的主体。在“决策”的体制下，市场与社会能够有更大发挥作用的空间，并能够优化政府的决策，从而使三方互为因果，又相生相克。

随着我国经济向市场化、产业化的方向转变，系统经济学视角下的信息资源传播与整合也应该适应市场化的进程。因此，政府决策条件下的市场运作应该更加被重视。政府与市场合作的模式可以为智慧城市建设带来更大的益处。市场中的资本积累力量雄厚，其运作具有高效性特点。因此，在政府给出决策主导意见后，市场的介入可以为智慧城市建设提供更多的资金、更强的人力资本、更高效的运作机制，从而优化智慧城市的运行与管理，加速智慧城市的建设进程。

经济发展的核心与保证归根结底还是信息资源整合。政府与市场协调合作模式下，信息资源可以被更积极地整合，可以有效打破信息孤岛的局面。然而，仅在政府与市场间流动的信息资源，来源少，数量小，传播渠道局限，这导致了另一种情况的信息封闭，并有可能导致政府无法充分回应市场的需求，以及无法充分满足大众的需要。社会是信息资源储备的汪洋大海，也是信息采集的万壑千川。因此，信息资源整合必须有社会参与，在社会这一大环境下进行。同时，社会各界的参与，可以更好地实现多方面信息的传播交流与反馈，让智慧城市的建设更高效。

政府、市场与社会的三角机制让这三个独立又关联的主体组成了一个稳定的模型、高效运作的整体。从局整关系角度来看，这三方的协同更有效发挥了三者的强项，更有力地避免了三者各自的短板，从而保证了在智慧城市的建设、管理与运行中长短互补。政府掌控资源多，推进力度大，决策程序好，保证了市场模式有效施展；市场运作机制活，人才聚集快，推进效率高，修补了政府主导模式里的短板；在社会主体中，社会各方面更多渠道、更有目的、更好反馈地协调配合，修正并强化了政府主导和市场主推模式作用的发挥。这就保证了智慧城市建设的扎实推进和管理的平稳运行，形成政府、市场、社会三方共同发力的有效机制（如图 4-16 所示）。

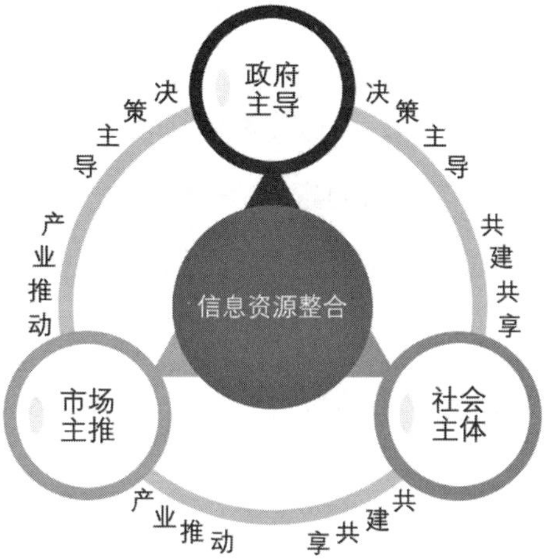

图 4-16　政府、市场、社会三角机制

（二）管理方式的类型与模式

目前，智慧城市的运行管理体系分为政府独营和市场运作两大类型，共五种模式。

政府独营是第一大类型，也是模式之一。它指智慧城市建设项目由政府进行投资建设和推动，政府拥有建设完成后的所有权，工程建设及运行管理可由政府直接负责，也可外包由运营商或社会资源负责。这种模式主要适用于必须由政府投资的，涉及公共安全、行政管理等领域，前期投资大，涉及政府部门较多，且后期无法或者难以带来商业价值的项目。政府独营模式下，智慧城市建设的资金完全来自政府预算资金。政府独营模式的特点决定了政府在智慧城市建设中处于主导地位，市场作用被弱化，从而缺少主动打破信息孤岛、整合部门间信息资源的积极性，无法充分回应市场需求，甚至由于信息资源在政府部门的沉淀堆积，产生新的信息孤岛。

市场运作是第二大类型，它指智慧城市建设项目由政府和社会资本共同参与，社会资本自行建设或者与政府共同建设并运营管理。市场运作具备市场效率和服务优势，有助于加快智慧城市建设速度，缓解政府财政压力。市场发挥主导作用，从企业角度来看，在利益驱动下，企业有不断根据市场来调整和更新数据的意愿，进行技术创新、管理创新、模式创新，有利于提高资源利用效率。同时，不同的企业在智慧城市市场运作方面有技术上的优劣势和工作上的侧重点，可能出现甚至加剧信息资源利用上的割裂化、碎片化。因此，智慧城市建设需要政府发挥引导作用、提供引导平台，引导相互分离、相互割裂的信息资源、智慧产品整合共建、融合共享。基于此，市场运作可以按照以下四种模式开展。

一是 PPP(Public-Private-Partnership)模式，即政府与企业合作模式。该模式鼓励政府与企业合作推进智慧城市建设。从公共事业的需求出发，发挥企业的产业化优势，政府与企业合作开发、共同投资，并维护运营公共事业。合作中，参与合作的各方共同承担责任和融资风险，而不是政府简单地把项目责任全部转移给企业。在 PPP 模式下，政府先期进行少量投资，搭建公共服务平台和数据库并租售给专业化企业运营，企业利用平台和数据库自行开发应用，或吸引相关应用进入，产生的收益由政府和企业按照约定进行分成。

二是 BOT(Build-Operate-Transfer)模式，即“建设—经营—转让”模式。政府将智慧城市建设特许权授予企业，企业在特许期内进行规划设计、融资、建设和运营，特许期满后运行管理的所有权由企业移交给政府。BOT 模式下的智慧城市建设风险由政府和企业分担。

三是 BT(Build-Transfer)模式，即“建设—移交”模式。政府与企业签订特许协议，引入社会资金负责智慧城市建设，项目建设完工并经验收合格后，政府向投资方支付项目总投资以及合理回报，赎回平台及其设施的有关权利。

四是政府购买服务模式。在该模式下,政府购买服务、直接租用,企业为政府提供相应的服务。企业除了负责融资和投入建设,还需要在建成后负责运行和管理。在运行管理期间,政府需要提供政策和资源的支持。

(三)常见智慧城市商业模式比较分析

参考国内外智慧城市建设经验,常用的五种商业模式优劣势比较见图4-17。

模式	特征	优势	劣势
政府独自投建和运营	政府负责基础设施和平台投资、建设、运行及管理	政府拥有绝对控制权	财政压力大,维持运转需要获得足够的收益,面临业务运营推广及后期维护等难题
政府购买(租用)服务	政府不拥有所有权,通过招标方式,购买第三方提供的服务	减轻政府财政压力	容易造成服务断档,对效果的考核评价难,要求政府具有较高的外包管理能力
第三方独立投资建设和运营	第三方独立负责智慧城市的投资建设和运营	产权清晰,减少政府财政压力,可以充分利用第三方经验和实力解决运营、管理和维护问题	需要有持续的盈利保障
联合建设运营	产业链上多家主体联合开发智慧平台或应用	利于智慧城市产业链的良性运转,有较强的综合解决能力	涉及多方合作协调,工作量大
联合公司化运营	由产业链中成员共同成立一个管理公司进行投资、建设、运营	有利于产业链良性运转,有公司化运作的灵活优势	涉及多方合作协调,工作量大

图4-17　常见智慧城市商业模式比较

资料来源:根据《建筑经济》2005年第3期《PPP:新型公私合作融资模式》(陈柳钦)一文及网络资料整理

智慧城市建设涉及面广、项目众多，在商业模式选择上，总体来看必然选择多种商业模式并存的多元化运作形式。根据上述常见商业模式分析比较，以项目类型作为主要影响因素，政务类、公益型、涉密型项目必须由政府主导和投资，应选择前两种商业模式；联合建设运营模式更适合投资规模较大、共享性要求高、专业涉及类别多的项目。智慧城市典型商业模式匹配见图 4-18。

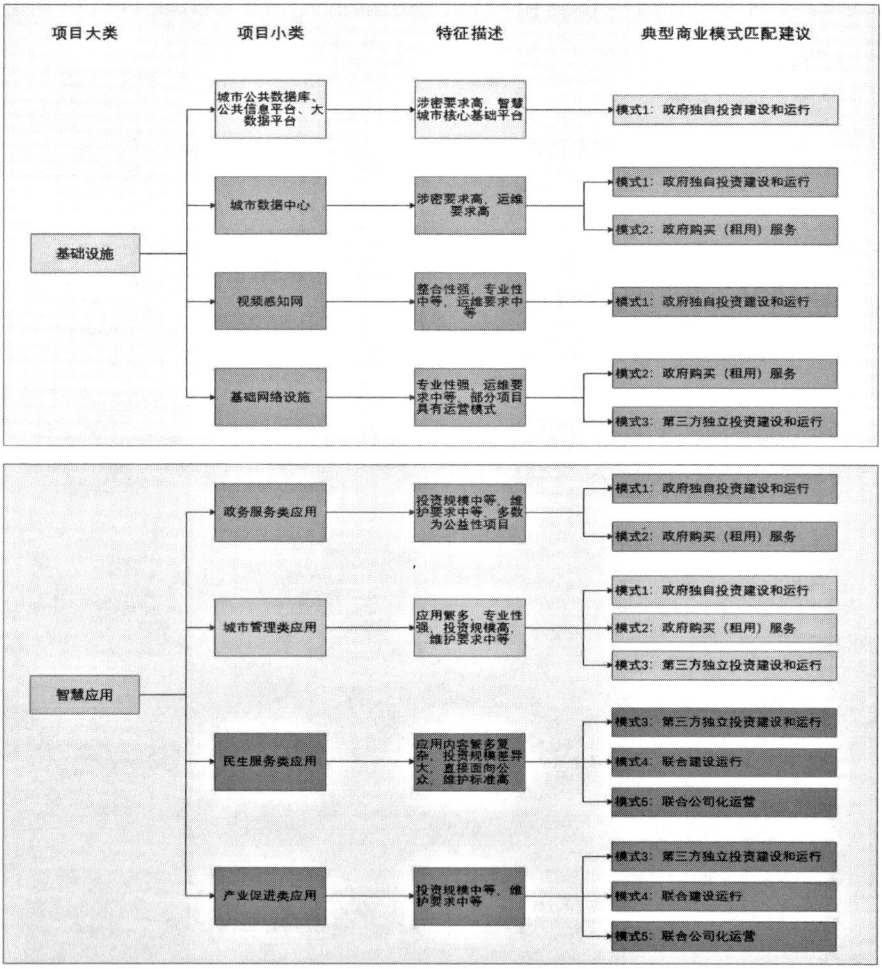

图 4-18　智慧城市典型商业模式匹配

资料来源：根据《行政事业资产与财务》2014 年第 11 期《新时期我国 PPP 融资模式问题研究》（杜莹冰）一文及网络资料整理

智慧城市建设运行管理体系中不同的商业模式对信息资源整合有着不同的作用和影响。政府独营有利于整合政府各部门间的信息系统，打破信息孤岛；但由于缺乏竞争机制，可能存在信息资源市场开发和使用效率不足、信息使用率不高等问题。此外，政府对数据资源的垄断使海量的政府信息资源共享需求与实际共享情况不相匹配，不利于提高数据资源产业化水平。企业独营对各类数据资源整合、开发、利用的积极性较强，特别是在社会信息资源的整合上具有明显优势，在信息数据的市场化运作、智慧化应用等方面的创新性较强。但是，政务信息的整合利用率取决于政府的信息开放意识和程度，能否与政府建设运营的城市公共服务平台和城市信息资源数据库有效对接，还要打一个问号。同时，企业在信息安全管理上的投入意愿可能不够强烈。政府与企业合作，能够更好地整合政府和社会力量，实现信息资源的最大增值。

二、智慧城市运行管理体系中的信息资源整合案例研究

自 2010 年开始，国家及地方分别从总体架构到具体应用等角度对智慧城市建设提出了鼓励措施，并且启动国家智慧城市试点工作。许多城市进行了智慧城市建设、运行、管理、服务和发展方式试点，许多企业也进行了智慧应用开发、建设、运营和维护方面的探索。在当前的智慧城市运行管理体系建设中，PPP 模式越来越被业内追捧，《做好传统基础设施领域政府和社会资本合作工作的通知》《关于支持政府和社会资本合作 PPP 模式的税收优惠政策的建议》《国务院关于创新重点领域投融资机制鼓励社会投资的指导意见》《国务院办公厅转发财政部发展改革委人民银行关于在公共服务领域推广政府和社会资本合作模式指导意见的通知》《关于实施政府和社会资本合作项目以奖代补政策的通知》《关于在公共服务领域深入推进政府和社会资本合作工作的通知》《关于进一步激发民间有效投资活力促进经济持续健

康发展的指导意见》等利好政策接连出台。在国务院和中央部委的鼓励下，地方政府积极推动，金融机构积极放贷，市场主体积极参与，PPP 落地率明显上浮。

PPP 有例数据平台对 2015—2017 年全国成交的 152 个智慧城市 PPP 项目进行系统性分析，智慧城市是 PPP 模式的新兴领域，全国智慧城市 PPP 领域成交项目数量由 29 个增长至 63 个，处于快速发展期（如图 4-19 所示）。智慧应用领域：涉及智慧安全、智慧交通、智慧政务、智慧教育、智慧环保、智慧照明、智慧电商、智慧医疗等 17 种类型。其中，智慧安全类项目成交 41 个，占比达 27%；综合类项目（包含 2 个或 2 个以上应用领域的综合类智慧城市项目）成交 28 个，占比达 18%；智慧交通类项目成交 20 个，占比达 13%（如图 4-20 所示）。综合类项目成交额占比最高，达到 33%；智慧安全类项目成交额占比达 22%；智慧交通、智慧园区、智慧生态、智慧综治等类型项目成交额占比均在 5% 以上。智慧城市 PPP 项目体量：0. 1 亿元以下的占比 20%，0. 1 亿—1 亿元占比 30%，1 亿—3 亿元占比 24%，3 亿—10 亿元占比 18%，10 亿元以上占比 8%。在各类型 PPP 项目体量分布上，智慧生态类项

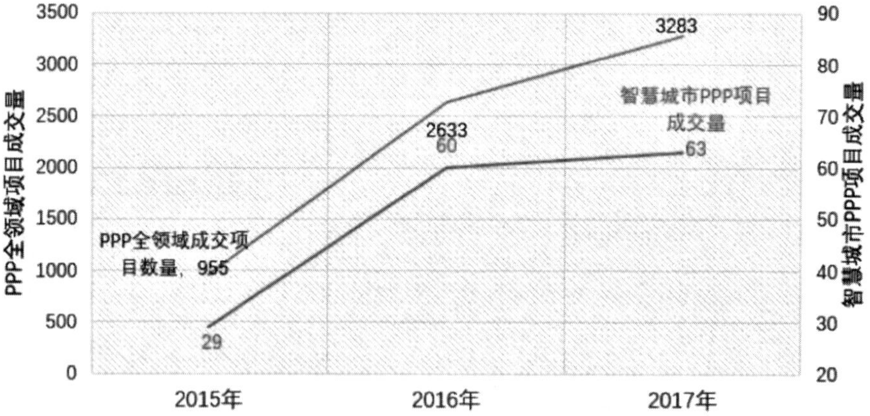

图 4-19　2015—2017 年全国智慧城市 PPP 领域成交项目数量

资料来源：根据 PPP 有例数据平台资料整理

目平均成交额最高,达 16 亿元;智慧能源类项目平均成交额为 13 亿元;智慧园区类项目平均成交额为 11 亿元;其他类型项目成交额均在 5 亿元及以下。从成交项目规模区间占比分布来看,智慧城市 PPP 项目体量相对较小,体量低于 1 亿元的项目占了一半,大项目基本上都是与传统基础设施相结合的。智慧城市 PPP 项目回报机制:“可用性付费 + 运维绩效付费”方式占比达 68%,“可行性缺口补贴 + 使用者付费”方式占比达 27%,“使用者付费”方式占比达 5%。从项目回报机制分布上来看,智慧城市 PPP 项目主要以政府付费为主。

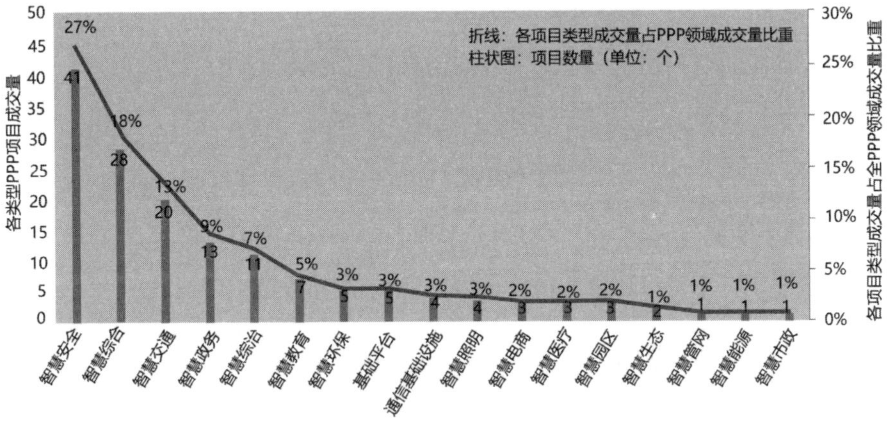

图 4-20　2015—2017 年全国智慧城市各类型 PPP 项目成交量及比重分布

资料来源:根据 PPP 有例数据平台资料整理

PPP 模式在智慧城市建设中的应用,可以有效整合人力、物力、智力、财力等多类型资源,在智慧城市运行管理体系中的信息资源整合方面具有典型性和代表性。

(一)PPP 模式有助于拓宽智慧城市建设融资渠道

智慧城市建设涉及的领域较多,各领域信息化建设运营的资金需求量都非常大。由于各地方政府债务规模较大,智慧城市建设项目可投财政资金十分有限。PPP 模式可以吸纳社会资本参与,由企业承担智慧城市建设的大部分资金投入,拓展资金来源渠道,解决资金不足问题,减轻政府举债压力。作为市场主体,企业在利益驱动下,会千方百计缩短项目建设时间,加快实现项目盈利,有利于增加政府财政收入。

(二)PPP 模式有助于加快智慧城市建设落地进程

早期智慧城市建设项目一般由政府主导,利用信息化手段优化公共服务的动力不足,容易出现智慧城市建设周期长、难落地等问题。在 PPP 模式下,社会资本深度参与智慧城市建设,政府由公共服务的提供方变为合作方、监管方,可以避免企业为追求利益最大化而出现侵害公众利益的现象;企业全程参与项目设计、建设、运行、维护,有助于提升智慧城市建设水平。PPP 模式下的政企合作,可以充分发挥政府在系统设计、战略谋划、制度机制等方面的优势,企业在技术创新与应用、资金投入、人才队伍支撑、运营管理经验等方面的优势,汇聚形成智慧城市建设的整体合力,有利于推动智慧城市建设。

(三)PPP 模式有助于降低智慧城市建设潜在风险

在原来的政企合作模式中,往往因政府和企业双方权利划分不够明确,出现社会出资方成为政府一部分的现象。基于此,2014 年财政部在《地方政府存量债务纳入预算管理清理甄别办法》中规定,本级政府所属融资平台公司禁止参与地方 PPP 项目。PPP 模式以合同形式约定政府和企业双方的责任、权力和利益,清晰界定双方的权利和义务,降低因相互勾结产生的腐败风险,根据各方抗风险能力实现风险的合理分配。PPP 模式突出风险共担,以智慧城市建设为共同目标聚合政府、企业、金融机构等形成整体合力,是抵御风险的重要手段。

综上所述,从局整关系来看,政府、市场、社会三方协同才能完成智慧城市建设。从生克关系来看,与政府性投资行为相比,PPP 模式具有更高的经济效率、更高的时间效率、更高的投资回报率,但社会资本方追求利润,要求在尽量短的时间内实现项目盈利,因而存在投资短视行为,制约了智慧城市系统设计的长期规划;智慧城市建设领域多为基础设施建设和基本公共服务,PPP 模式普遍采用的特许经营制度,在缺乏竞争、缺乏监督的环境下,会降低提高服务品质的动力,等等。局整模型强调由单向着力向整体合力转变的大支撑保障,运行管理体系作为统筹基础设施体系、数据融合体系、公共服务体系发挥最大效用的重要保障,既重视充分发挥市场在配置资源中的决定性作用,鼓励推广应用智慧城市建设的 PPP 模式;又强调更好地发挥政府作用,要求政府在推动智慧城市建设时必须从经济社会发展全局出发,对涉及的各方面、各层次、各要素进行统筹考虑和总体安排,制定具有前瞻性、全局性、针对性的规划方案。从因果关系来看,政府推进力度大才能优化市场模式,从而使社会更好地配合,才能够平稳推进智慧城市建设;另外,强化公众参与,尊重公众对城市发展决策的参与权、知情权和监督权,鼓励引导市民通过多种渠道、多种方式参与智慧城市建设管理,拓宽参与路径,畅通反馈通道,才能真正实现政府、市场与社会三方协同合作的智慧城市的共建共治共享。

三、智慧城市运行管理体系中的信息传播

城市管理逐渐从数字化、智能化到智慧化,信息在智慧城市的运行管理过程中发挥着重要作用。信息综合管理是智慧城市的神经中枢,信息在智慧安全、智慧交通、智慧政务、智慧教育、智慧环保、智慧医疗等智慧城市运营中不可或缺,成为智慧城市运转的“血液”。

(一)全方位采集数据,降低城市运营的信息资源成本

建立城市数据监测系统十分必要。城市基础设施、公共安全、生态环境、宏观经济、产业发展、治安事件、民生民情等信息,是智慧城市的重要战略资源。感知层是获取信息的重要条件,其具有超强的环境感知能力,通过传感器、传感网获得大量的城市信息。通信层是智慧城市的基础设施,特别是通过5G这种大容量、高速度、低时延的网络,市民可以随时随地无线上网。5G是智慧城市的信息高速公路。因此,建立城市公共数据库、公共信息平台、大数据平台、视频感知网、基础网络设施非常重要,因为它们是智慧城市的“神经中枢”。

如图4-21所示,智慧城市包括政务服务、民生服务、城市管理、产业服务四个子系统,各系统之间需要互联互通,资源共享,促进信息循环,提高资源的配置效率。信息循环与信息共享旨在通过数据关联、数据挖掘、数据活化

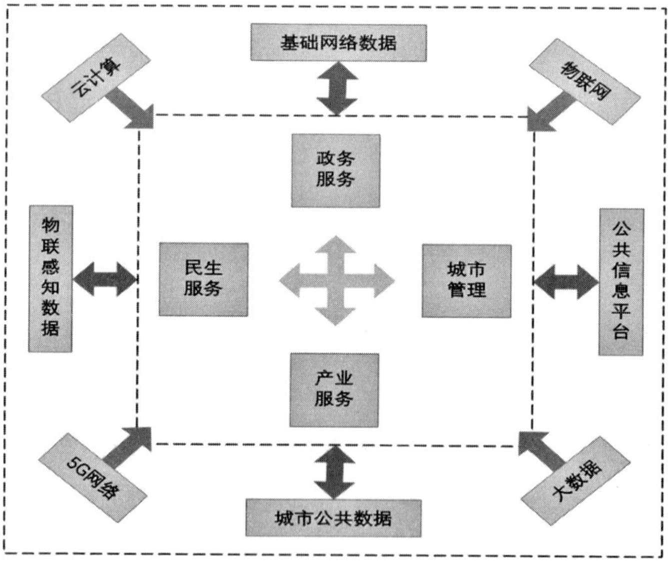

图4-21 智慧城市运行管理体系的循环信息传播

激活信息,发挥信息资源的最大增值效应。在智慧城市的运行管理过程中,基础网络数据、物联感知数据、城市公共数据、公共信息平台等均是宝贵的信息资源,发挥着集成经济网络信息资源整合机制作用。同时,市民的信息反馈与决策参与,也有助于实现智慧城市的共建共治共享。

(二)构建多种商业模式,多渠道获取跨行业的数据

在智慧城市的运行管理过程中,根据项目的重要性、专业性以及运营成本,可以采取不同的商业模式,包括政府独自投建和运营、政府购买(租用)服务、第三方独立投资建设和运营、联合建设运营、联合公司化运营等模式。无论采取哪种商业模式,都需要获取不同层次、不同部门的智慧城市信息,优化信息资源配置,节约信息搜索成本,提升经济社会发展水平。

第五章　智慧城市系统设计中的信息资源整合对策与建议

本书在第四章中,用“系统树”模型和信息资源整合中的局整关系模型、因果关系模型、生克关系模型和综合模拟模型推导了在五大模块中信息资源的整合机制与模式,结合案例分析,发现了我国现阶段智慧城市建设的不足,并给出了可能的优化方向。

本章基于第四章分析得出的初步结论,进行更为细致、深化的分析:在“系统树”模型统筹指导下,结合前文推导的数学模型,对第四章的层级子系统、区块子系统、应用子系统、循环子系统以及运行管理体系这五个模块中的信息资源整合一一给出对策与建议,最终构建“统一规划设计、统一基础支撑、统一数据归集、统一应用发布、统一安全管理”模式。

第一节　智慧城市层级子系统中的信息资源整合对策

一、完善基础层级——基础通信网络延伸覆盖

在第四章的案例分析中,以宁波交通管理为代表的系统对于数据信息的收集与初步分类处理有较为完备的体系。作为层级子系统的基础层级,

数据来源平台和初步处理计算平台应该更加完善，以服务于更高的层级。目前基础层级已有较为完备的体系，主要的优化方向是在覆盖面和效率上。完善基础通信网络的延伸覆盖是极具可行性的操作方案。与以往的通信网络不同，5G所需的基础模块更小、布局更密，用以支持更全面、更稳定、更高效的网络连接。5G的超大带宽、超可靠超低时延、超大规模物联网，将全面提供更多样设备联网接入的能力、更高速和无处不在的连接、更高的优先级和可靠性以及更低功耗的物联网。5G不仅改变了交流的方式，更构建起了无所不在、可高速接入的泛在网络，成为万物互联时代的基础。埃森哲的《解读5G与智慧城市》主题报告提到，作为下一代通信技术，5G的高速无线网络为智慧城市建设提供了解决方案，显著改善资源利用率，提供更全面的高速宽带覆盖以支持远程办公、在线学习和技术认证等，帮助各类社区发挥杠杆作用，确保政府、企业的竞争力。同时，5G还能直接推动智慧城市建设进程，意味着更快的应用程序响应和更广的设备连接，包括车联网、自来水管自动检漏传感器等。因此，做好智慧城市基础设施体系中的信息资源整合，要顺应5G时代的新形势、新特点，提早布局，提前谋划，真正让5G为智慧城市的发展插上新的“翅膀”。

二、搭建数据处理层级平台——提高基础信息设施统筹服务能力

在案例分析中我们发现，虽然信息体系在基础层级的完成度高，但是对于更高级的数据处理层级构建还很不完善。基础的层级只能对数据进行简单的分类处理，然而对于大量的数据，尤其是完善基础通信网络延伸覆盖后收集到的海量数据，只进行简单处理还很不够，需要进行进一步提纯，保留有用数据，发掘有价值的数据，这样才能够提高数据质量，减少资源消耗。因此，我们需要基于大数据、云计算等新一代信息技术的网络架构，建设智慧城市云计算数据中心，以处理海量信息。

应该建设统一的“核心机房”，按照“系统树”模型衍生的“层级金字塔”的模式，搭建数据资源平台和IT&AI处理平台。用统一的数据资源管理机构，部署大数据平台，打通分散分布在各层级、各部门、各领域、各行业的数据壁垒和信息孤岛。

大数据、云计算技术并不是在传统技术上的简单创新，而是在理论上、理念上、方法论上的革命性突破。政府在推动建设智慧城市云计算数据中心时，要客观评估项目效果和风险，从实际出发，从需求出发，找准云计算技术与智慧城市建设的切入点，切忌盲目跟风、贪大求全。

三、构建层级间共享通道——一体化的城市信息服务栅格网

搭建好各层级平台后，让各个层级形成资源共享、信息互通的链条，才能够保证这些层级不是孤立的，而是互联互通的，能形成一个整体发挥作用。因此，应坚持系统思维和系统设计引领，坚持信息资源整合与共享、规范管理，坚持在满足当前需求的前提下适度超前，构建包含云服务、基础网络、物联感知的一体化城市信息服务栅格网。建设的原则采用系统设计中的“共软原则”，硬件可以不断更换，但不同硬件之间的信息连接方式不变，相当于“个体来而复去，而整体依然存在着”。

第二节　智慧城市区块子系统中的信息资源整合对策

一、全面实现数据资源区块化——建立“俄罗斯套娃”式的分层区块

分析池州市社会服务管理信息化平台项目的案例发现，以池州市为代表的很多城市，在信息资源整合与处理的建设中都有意识地积极地将大量繁杂的信息和数据分成小数据库来收集处理，以提高信息整合的效率。但

是，目前采用的模式普遍是由独立的业务系统数据库简单汇集数据，这样一是无法保证数量繁多的数据库能涵盖所有数据，即可能存在“漏网之鱼”；二是采集与处理效率低下。因此，可以采用“俄罗斯套娃”模式，即在一定数量的小数据库上建立相对大的数据库，层层向上，积小成大。这样可以分担数据处理压力，缩短数据传递时长，减少数据遗漏，更好地实现全面与高效。

二、实现同一层级区块间信息共享——努力破除信息孤岛和信息壁垒

按照区块将数据分类是一种高效的方法，但是最忌讳的问题就是各区块间缺乏信息互通，这样会加重信息孤岛的现象。因此，应该始终牢记数据信息分区处理最终是为了让数据更好地融合、让信息更好地整合。所以，要先在每层级的区块间实现互联互通，信息共享，深化数据融合。除了涉及国家安全、商业秘密、个人隐私的数据外，应把政府部门、行业领域的共享、公开和开放数据进行整合与共享，形成新的数据仓库，让信息移动化、智能化。

抓紧政府信息资源整合共享这个关键，加快构建政府信息资源共享交换平台体系，按照“以共享为常态、不共享为例外”，推动政府各部门加强业务流程再造、重构和优化，彻底消除不愿共享、不敢共享和不会共享的“老大难”问题。

制定完善信息资源整合共享的行业标准、制度规范，对共享信息资源的责任与义务进行明确，对数据共享格式等进行统一。建立公共信息资源管理制度，在保障公共信息资源市场健康有序发展的同时，也为社会组织、企业、公众等共同参与信息资源开发利用提供制度依据。构建一体化的城市信息资源体系，以信息的全面感知、集约采集、高效共享、安全保障为目标，提高信息资源综合利用水平。

三、促进跨层级区块间资源互通——推动实现从点对点交换到一对多共享

与层级系统各平台的共享互通理念一致，不同层级间各区块也需要实现信息共享，资源互通。否则，会造成层级内大量信息滞留，占用数据存储空间。从较长时间周期来看，这样的数据积压会使分区处理成为信息资源整合的负担，而非起到推动作用。因此，应该加快实现信息共享模式从传统的点对点到一对多模式的转换，实现数据跨部门、跨网络流动，通过建立不同模块和不同部门之间的信息连通破解信息孤岛，全面实现信息共享。

第三节　智慧城市应用子系统中的信息资源整合对策

一、多渠道数据来源——加强公共信息资源的统筹规划

腾讯实施的“数字广东”项目，有效整合了政务资源，提升了政府效率。但是，在智慧城市应用子系统中，公共服务体系中的信息资源整合不仅涉及政府，还涉及企业与市民等多部门、多领域。基于较为繁杂的行政体系和信息资源分散现状，依靠一个或几个单独部门难以达到预期效果，必须利用系统思维和系统设计的基本思想，把强化公共信息资源的统筹规划作为前提。

制度保障上，应完善相应法规制度，健全公共服务体系中信息资源整合的制度体系，强化政府管理责任，细化部门职责分工，优化创新管理模式。管理机构上，应统一规范公共信息资源管理体制，设立大数据管理中心，统筹规划信息资源整合的制度体系，制定信息数据整合利用规范标准，承担智慧城市公共服务体系中信息资源整合的各项具体工作。部门协同上，应遵循“条块结合、纵向服从、横向融合”原则，密切各职能部门信息资源的纵向

贯通与横向协同。资金投入上,应由政府主管部门统一使用调配公共服务体系中信息资源整合项目资金,统筹组织各类公共信息资源项目建设。

二、各部门协同合作——搭建公共信息资源的整合平台

当前,我国智慧城市公共服务体系中信息资源的综合利用基本完成了数据采集与数据整合的基础环节,未来重点是搭建公共信息资源整合平台,通过构建信息资源整合利用机制推动跨层级、跨部门的工作协同,强化信息数据的挖掘利用,为政府管理决策提供依据。但受限于区域间、部门间信息化水平的不均衡,各地公共信息资源整合平台建设参差不齐,效果不够显著。为此,必须加大物联网、云计算、大数据等新一代信息技术的运用力度,构建起统一的公共信息资源整合平台。

三、由“数字”到“智慧”——推动公共信息资源的深度融合

广东“数字政府”政务云平台初步显示了公共信息资源融合的成效,然而,在智慧城市的建设中,想要真正实现由“数字”向“智慧”的转变,还必须充分利用公共服务体系信息资源整合平台,坚持市场导向,强化需求引领,把握经济社会发展趋势和人民群众需求,优先选择在线审批、智慧医疗、智慧交通、智慧教育、智慧社保等应用需求相对迫切、应用效果相对明显的领域,开发能够满足多样化、多层次需求的服务内容。鼓励先行先试、探索创新,逐步向行政审批、人口管理、公共事务管理、社区服务、安全生产和食品药品监管、企业与个人征信、公共安全管理等各类信息资源的整合共享拓展。健全完善市场化的运行机制,积极引入科学高效的商业运作模式,加快公共信息资源整合的商业化、市场化、产业化步伐,助推信息资源的深度融合。

四、以人为本——拓宽市民参与渠道

应用子系统所体现的核心理念是以人为本,这也是“系统树”模型的根

本理念。智慧城市的建设归根结底是服务于人,同时其建设也离不开人的智慧。因此,应用子系统中的信息资源整合需要人的参与。可以出台引导政策,鼓励企业和市民成为智慧城市建设主体,发挥其主体作用。建设智慧城市综合馆,广泛调动企业和市民参与智慧城市建设的积极性,增加市民的智慧城市体验,将智慧城市理念宣传与市民的文娱活动结合起来,营造有利于城市宜居、便捷、高效、智能发展的环境。开展综合活动、评选活动、体验智慧应用活动、高峰论坛、现场观摩、路演、互动交流等各类群众喜闻乐见的活动,为市民搭建体验和感知智慧城市建设的平台,让新型智慧城市建设真正走进家庭、贴近百姓、惠及民生。

第四节　智慧城市循环子系统中的信息资源整合对策

一、信息循环可持续——完善组织管理体系

为保证信息资源的共享,必须建立相应组织管理体系,各司其职,以保证整体的优化。加强政策引导与支持,鼓励更多社会主体开放、利用、共享、再生数据。坚持信息资源的绿色化发展,强化信息资源的绿色管理,在信息内容、信息技术及设备、信息资源的开发者及传播者、相关法规及政策等方面充分体现绿色性,推动智慧城市建设与生态环境的健康可持续发展。

二、信息反馈智能调配——完善系统优化体系

芜湖市优化建设的案例反映了目前智慧城市建设在信息循环与反馈方面机制不健全的问题。即使有能够双向流动的信息,也很少有能作用于系统自身优化上的。信息的反馈不仅能够使各区块、各层级充分回应其他区块和层级的需求,更能够让接收了信息的系统感知到该如何能动调配资源。比如,芜湖的系统优化有对于“基础设施”“惠民服务”“城市治理”“政务管

理”“产业经济”五个方面的优化，但是并不能保证它们的优化进程相同，这样有可能造成资源不平衡或者资源浪费。这就需要作用于系统的信息反馈。比如，在“惠民服务”方面，将有关民生的信息整合结果即时反馈给循环子系统，循环子系统就可以感知大众的需求，并根据需求决定是应该多投入一些在政务管理优化上还是在产业经济优化上等。这样的模式同样应用于系统对于其他方面的感知和处理。接收到信息反馈的系统变得更加“智慧”，实现了自身的优化，从而更好地寻求资源平衡，节约智慧城市建设的成本，加快智慧城市建设进程。

三、信息循环安全畅通——完善安全保障体系

当前，社会信息整合与传播的渠道变多，速度变快，很多负面的影响也随之出现。在信息化程度提高的同时，个人隐私泄露、网络诈骗、运用黑客技术攻击互联网系统等安全问题不胜枚举。在“系统树”模型中，循环子系统的地位具有特殊性，因为它的信息产物会作用于“系统树”这个大系统本身。如果在反馈的环节出现网络安全问题，那么整个智慧城市建设系统就可能被摧毁。因此，智慧城市建设在之初就应当把安全问题与建设问题同步考虑。可以运用数据加密技术，从网络、主机、应用、终端等不同层面提升安全级别，加强安全保护，保障数据的完整性与保密性。注重区块链技术在信息安全领域的应用，有效防御中间人攻击（身份窃取）、数据篡改和分布式拒绝服务（Distributed Denial of Service）等安全威胁，以保证信息循环高效畅通，信息系统安全可靠。

第五节　智慧城市运行管理体系中的信息资源整合对策

一、应用“三角机制”——发挥政府、市场、社会协调作用

作为智慧城市实践应用体系，运行管理的模式是系统设计模式的映射。

从系统经济学理论来看，政府“垄断”公共信息资源使信息资源的开发利用受限，也偏离了智慧城市的建设目标。而产业化的开发利用可以实现对公共信息资源的深度加工、高效整合，最终以更加便捷、更为灵活、更易接受的形式为社会所用。所以，为了深化信息资源的开发利用，要坚持政府主导与市场运作相结合，在确保政府有效决策的基础上，注重整合社会力量，调动社会各界的主动性、积极性，推动形成多元投资渠道和高效运作模式。依据上一节对循环子系统的分析，只有政府、市场、社会三方协同才能实现信息反馈互动，提升信息资源开发和利用效率，加快智慧城市的建设步伐。

二、明确主体责任，深化三方协作——健全智慧城市组织运营体系

在“三角机制”中，只有明确了各功能主体的责任，才能保证结构的稳定，才能使三方更有效地协同发挥作用。因此，可以组建涵盖政府、市场和社会各界的智慧城市组织运营体系，明确责任主体，理顺工作机制；加强政府部门与企业合作共赢的运营模式探索，建立专业管理机构和工作机制，形成多元协作格局。加强政府引导，出台优惠政策，吸引社会资本参与智慧城市建设，发挥市场主导作用。

为弥补政府财政资金不足，缓解政府增量债务，控制债务风险，各地政府在选择智慧城市运行管理方式时，多倾向于 PPP 模式。但部分地方政府仅将 PPP 视为融资手段，以此替代原有的地方融资平台，使市场的作用没有得到更好发挥。因此，地方政府在充分应用好“有形的手”的同时，也要发挥好市场这只“无形的手”的作用，注重发挥市场在资源配置中的决定性作用，保障企业自主权，平等协商，互相监督，深化合作，让社会资本和企业的效率优势在智慧城市建设中更好显现。

三、促进良性合作循环——加强建设运营绩效评估

智慧城市建设不是简单的项目堆叠，也不是单一的技术拼凑，而是一个具有长期性、动态性、复杂性的过程，需要统筹全局性、前瞻性，建立常态化合作机制。政府作为主导者，应建立健全智慧城市监督建设评估机制和智慧城市项目全流程管理工作机制，及时评估智慧城市规划和整体工作的推进情况，提高基础设施建设和城市管理服务的质量，保护有关利益方的合法权益。从管理学角度来讲，必须实行闭环管理，将绩效评估结果作为工作考核、运营补贴的重要依据，逐步形成预算动态调整等激励约束机制，以实现良性的因果循环。这是智慧城市建设因果关系模型的基本要求，也是“三角机制”能够良性互动、稳定推进的根本保证。

四、提升运行管理的中坚力量——完善创新型人才培养机制

人才队伍是城市建设的关键，而创新型人才则是智慧城市运行管理的主力军。必须加大财政资金专项投入，鼓励社会组织、行业协会、企业和个人以各种形式支持高端人才发展，形成多元化人才投入机制和经费保障机制。

依托高等院校、众创空间等平台，促进高校与企业联合建立各类智慧人才教育培训基地。培养智慧城市高层次人才队伍，健全人才培养体系，营造浓厚的智慧城市建设人文环境，为智慧城市建设提供坚实的人才支撑。

加强部门信息化人员培训、供给。大力培养城市信息化应用人才，充分利用专家资源，积极开展培训班、研讨班等多种形式的培训，为城市信息化管理和技术人才提供数字化与智能化的全方面培训，不断提升政府工作人员的信息化知识和应用水平。同时根据智慧城市发展需要，制定与之相匹配的培训计划，实现技术与建设的有效结合，保障智慧城市建设人才有效供给。

第六节　智慧城市系统设计中的信息资源整合能力评估

信息资源整合在智慧城市运转中发挥关键作用,也是城市核心竞争力的重要指标。智慧城市的信息资源整合能力的评估是对城市信息资源整合水平的综合考查,也是城市信息资源自我调整的一个依据。评估体系从来都不是一成不变的,而是在动态中不断调整完善的,信息整合能力评估旨在打造数字化、泛在互联的智慧型、创新型城市。

智慧城市信息资源整合的一级指标体系包括层级子系统、区块子系统、应用子系统、数循环子系统、运行管理体系五个方面。其中层级子系统中的硬件与软件之和占比30%,这是考虑到基础设施在资源整合中发挥极为重要的作用。智慧城市的区块子系统,即信息融合能力指标包括信息的采集、传输、整合、分析以及应用能力,真正发挥信息在智慧城市建设中的建设性作用,这方面主要考查大数据、云计算、人工智能、区块链技术对于智慧城市各个领域信息的计算、分析、处理能力,提升智慧城市的信息协同与信息整合能力。智慧城市的应用子系统向市民提供公共产品和公共服务,包括智慧医疗、智慧教育、智慧政务、智慧交通、智慧旅游、智慧水利、智慧体育、智慧就业以及城市基础设施的投资与维护等,可以列10余项二级指标,这部分主要考查这些智慧服务的信息整合能力,包括信息的完整性、有效性、丰富性、共享性等。智慧城市的循环子系统指标包括基础设施信息、政务管理信息、城市治理信息、惠民服务信息、产业发展信息等方面的整体优化,包括信息的弹性可拓展、双向可反馈、惠民可共享、平衡可持续、安全可控制等指标。智慧城市的运行管理体系指标分为城市政务信息、社区信息、产业信息、民生信息四个方面,考查信息的完整性、丰富性、互动性,同时考查对这些信息的采集、挖掘、分析以及整合能力。

表 5-1　智慧城市系统设计中的信息资源整合能力评估

一级指标	考核权重	二级指标	考核权重
层级子系统	30%	互联网	8%
		物联网	6%
		通讯网	3%
		大数据中心	3%
		云计算	3%
		人工智能	3%
		其他	4%
区块子系统	15%	信息采集能力	3%
		信息传输能力	3%
		信息整合能力	3%
		信息分析能力	3%
		信息应用能力	3%
应用子系统	20%	智慧医疗信息	2%
		智慧教育信息	2%
		智慧政务信息	2%
		智慧交通信息	2%
		智慧旅游信息	2%
		智慧水利信息	2%
		其他智慧公共服务信息	8%
循环子系统	15%	基础设施信息整体优化	3%
		政务管理信息整体优化	3%
		城市治理信息整体优化	3%
		惠民服务信息整体优化	3%
		产业发展信息整体优化	3%
运行管理体系	20%	城市政务信息	5%
		城市社区信息	5%
		城市产业信息	5%
		城市民生信息	5%

第六章　结论与展望

第一节　主要内容总结

本书主要运用系统经济学与传播学的理论，遵循“提出问题—分析问题—解决问题”的总体思路以及从整体到部分再到整体的逻辑顺序行文。

首先提出问题，即绪论部分。

针对“城市病越来越严重”的现状、“智慧城市建设如何落地实施，建设过程中出现的问题该如何规避”的建设思想以及智慧城市建设中出现的信息孤岛、数字鸿沟现象等，首先给出智慧城市的系统定义，即智慧城市是一个信息模拟系统，信息的采集、传输、储存、加工处理是智慧城市建设的关键环节。在此基础上，详细分析智慧城市的系统经济学本质是信息传播与信息资源整合，由此推论出智慧城市建设是一项信息系统工程。因此，系统设计是智慧城市落地实施的重要前提；信息资源整合是解决信息孤岛等智慧城市建设中存在问题的关键，由此确立本书的研究目标是对智慧城市建设进行系统设计，并对其中的信息资源整合问题进行研究。

其次分析问题，包括第一章、第二章及第三章的内容。

第一章是对智慧城市发展情况的梳理与反思以及对信息资源整合研究

进展的发现与思考。第一,对信息技术与城市发展之间的关系进行综述,主要内容包括信息技术的发展、智慧城市是城市发展的新阶段、智慧城市与城市治理现代化等。第二,梳理国内外智慧城市的发展情况,主要内容包括分别梳理总结了美国、欧盟、新加坡、韩国和日本等国家与地区智慧城市建设的特点;同时从智慧城市规划和政策制定情况、智慧城市试点建设情况、我国智慧城市取得的成果与面临的挑战等四个方面对我国智慧城市的发展情况进行梳理。第三,梳理信息资源整合相关研究进展并形成文献综述,主要内容包括对资源位理论与传播有效性原理等进行梳理,在此基础上对信息资源整合的研究进展进行总结。

在第一章的研究分析基础上,第二章和第三章建立了相关模型。

第二章在对智慧城市信息资源整合机制与类型分析的基础上,从系统经济学与传播学的理论视角出发提出智慧城市信息资源整合的四大基本数学模型:局整关系模型、因果关系模型、生克关系模型和综合模拟模型,并在此基础上进行相应的运筹分析。

第三章首先提出了智慧城市的基本架构图,进一步地把智慧城市系统设计所涉及的客体分为基础模块和应用模块。基础模块包括基础设施体系和运行管理体系,应用模块包括公共服务体系、数据融合体系及整体优化体系。其次,介绍了智慧城市系统设计的基本概念、内涵以及系统设计的七个基本步骤和模式。再次,在四大基本数学模型与智慧城市基本架构的基础上提出了系统设计的基本思想与路径,并将其提炼成“系统树”模型(作为综合模拟模型的具象化表现、智慧城市建设的核心系统,“系统树”模型包括层级子系统、区块子系统、应用子系统及循环子系统等四大系统),进一步从系统经济学视角出发将“系统树”模型的四大系统与智慧城市的基本模块(基础模块和应用模块)进行对应。其中,层级子系统是信息资源整合的基本架构,主要指导城市基础设施的智慧化,即数据分层处理的智能化;区块子系统可以将整体大数据库中的信息分为区块收集,也能够将每一层级的数据信息分为区块处理,从而更好地指导信息采集、信息融合与信息共享;应用子系统从以人为本的理念出发,主要作用于公共服务体系,指导如何将信息整合应用于提高人的生活质量;循环子系统通过信息整合的双向反馈和可持续发展,为如何优化系统设计与智慧城市建设提供依据。最后,由于智慧城市系统的信息传播是一个复杂的体系,需要系统思维。因此,第三章分别从信息支撑、信息采集、信息循环、信息平台与信息应用等五个方面对智慧城市"系统树"模型四大子系统的信息传播进行整合,共同组成智慧城市的智能化、数字化的信息整合传播体系。

最后解决问题,包括第四章及第五章的内容。

第四章从系统设计和实践两个角度,分析智慧城市的信息资源整合。系统设计角度,从层级子系统、区块子系统、应用子系统和循环子系统这四个方面,分别探讨信息资源的整合机制与模式以及在各子系统中如何进行信息传播,并用宁波智慧交通建设、池州市社会服务管理信息化平台、"数字广东"建设、智慧芜湖等四个独立的城市建设案例验证在四大数学模型基础上构建的"系统树"模型,并根据"系统树"模型的指导分析现阶段智慧城市建设的不足以及优化方向。实践角度,从管理体系出发,以前文的模型为基础,分析智慧城市运行管理方式以及在运行管理体系中的信息传播方式,并以现有的管理模式为案例分析其不同点与优缺点,并优化方案。

第五章在"系统树"模型统筹指导下,对层级子系统、区块子系统、应用子系统、循环子系统以及运行管理体系这五个模块中的信息资源整合一一给出对策与建议,并对其信息资源整合能力进行评估,最终构建"统一规划设计、统一基础支撑、统一数据归集、统一应用发布、统一安全管理"的模式。

第六章总结归纳了本书的主要内容及结论并对后疫情时代智慧城市的建设进行展望。

研究框架如图 6-1 所示。

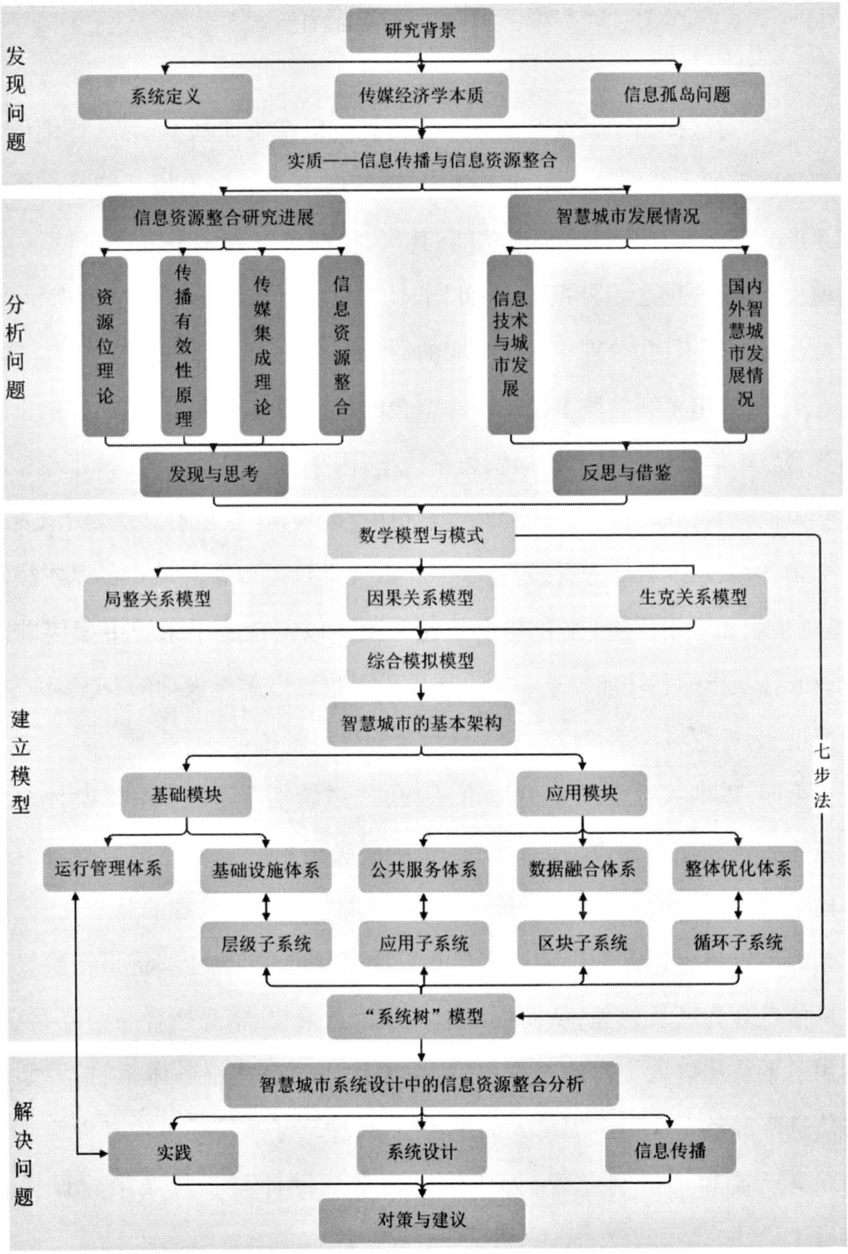

图 6-1　研究框架

第二节 主要结论

第一，首次提出了智慧城市是一个信息模拟系统的基本观点，详细分析了智慧城市的系统经济学本质。首先，智慧城市的信息模拟系统是一个人工系统，因此，具有更强的城市功能；其次，模拟可以有多种方案，典型的有硬模拟和半硬模拟（隐模拟）。与此同时，本书还详细讨论了模块模拟、结构模拟和观控模拟，并分别建立了相应的数学模型。

第二，提出了智慧城市信息资源整合的机制和基本类型，在此基础上提出智慧城市信息资源整合的局整关系模型、因果关系模型、生克关系模型和综合模拟模型，并将这些模型的基本思想用“系统树”模型形象地表示出来。

第三，从系统科学来看，智慧城市的系统设计是以智慧城市的基本模块（基础模块和应用模块）作为基本元素，构建一个广义结构以满足智慧城市建设的各项指标和功能要求。本书提出了智慧城市系统设计的“七步法”数学模型，为智慧城市系统设计和整体优化提供科学依据。

第四，以四大数学模型为理论基础的“系统树”模型从系统设计的角度指导了智慧城市建设。“系统树”中的层级子系统是信息资源整合的基本构架，主要指导城市基础设施的智慧化，即数据分层处理的智能化；区块子系统可以将整体大数据库中的信息分为区块收集，也能够将每一层级的数据信息分为区块处理，从而更好地指导信息采集、信息融合与信息共享；应用子系统从以人为本的理念出发，主要作用于公共服务体系，指导如何将信息资源整合应用于提高人的生活质量；循环子系统通过信息资源整合的双向反馈和可持续发展，为如何优化系统设计与智慧城市建设提供遵循。

第五，根据本书提出的理论模型，从系统设计和实践两个角度，结合案例分析了智慧城市的信息资源整合问题。系统设计角度，从层级子系统、区块子系统、应用子系统和循环子系统这四个方面，分别探讨信息资源的整合机制与模式以及在各子系统中如何进行信息传播，并用宁波智慧交通建设、池州市社会服务管理信息化平台、“数字广东”建设、智慧芜湖等四个独立的城市建设案例验证在四大数学模型基础上构建的“系统树”模型，同时根据“系统树”模型的指导分析现阶段智慧城市建设的不足以及优化方向。实践角度，从管理体系出发，以前文的模型为基础，分析智慧城市运行管理方式以及在运行管理体系中的信息传播方式，并以现有的管理模式为案例分析其不同点与优缺点，优化方案。

第六，在“系统树”模型统筹指导下，对层级子系统、区块子系统、应用子系统、循环子系统以及运行管理体系这五个模块中的信息资源整合一一给出对策与建议，最终构建了“统一规划设计、统一基础支撑、统一数据归集、统一应用发布、统一安全管理”模式。

第三节　后疫情时代智慧城市建设的展望

面对突如其来的新冠疫情，各地依托智慧城市的软硬件基础，相继推出信息化、无接触式的防控模式。这在抗击疫情的过程中发挥了重要作用，也使得智慧城市再次获得广泛关注。随着新基建的加速推进，可以预见智慧城市即将迎来新一轮发展热潮。疫情犹如大考，凸显智慧城市功能和成绩的同时，也暴露出顶层规划缺乏系统思维、数据标准不统一、信息共享交互不畅通等突出问题，值得我们关注和反思。

一、坚持由以物为主向以人为本转变的大理念定位

健康码是疫情期间公众使用频率最高、作用最大的智慧应用。2020 年 2

月 11 日,杭州在全国首推健康码,采用红黄绿三色标识动态呈现个人健康安全状况。随后,各地纷纷效仿,上线各自版本的健康码,但很快就遇到缺乏统一技术标准、无法实现跨区域互认等现实难题。

智慧城市建设是贯彻落实新发展理念的重要实践,是以信息引领城市发展转型的难得机遇,可以全面推进新一代信息技术与城市发展融合创新,是实现可持续发展的新路径、新模式、新形态。智慧城市建设要坚持以创新、协调、绿色、开放、共享的新发展理念为根本遵循,把创新作为主要动力,进行技术创新、模式创新和体制机制创新。要把协调作为现实需要,把智慧乡村及智慧农业等纳入统筹规划目标,促进区域协调发展、城乡一体发展,使得公共服务发展更加均衡、社会资源配置更加合理。要把绿色作为重要体现,将绿色科技运用于资源节约、节能减排等各个方面,推动实现低碳环保可持续发展。要把开放作为有效途径,加大数据公开力度,深化数据共享和数据处理,实现智慧城市自身与外部的共赢发展。要把共享作为根本追求,坚持以人为本,将以人为中心的发展思想贯穿建设全过程,以满足人民群众对美好生活的需要为导向,聚焦民生服务和社会治理两大目标,大力推动互联网+政务服务、社会治理能力现代化、智慧产业发展等,让人民共享科技进步、城市发展成果,不断提升群众满意度。

二、坚持由平面即期向立体持久转变的大思维谋划

城市建设内涵广泛,涉及政治、经济、人文等多个方面。城市是一个复杂的巨系统,而智慧城市建设是城市这个复杂巨系统的数字化、网络化、智能化过程,由多个系统及其子系统组成。智慧城市建设要遵循系统科学理论、系统工程方法,秉承系统思维对智慧城市进行全要素立体化分析,并利用信息化手段分析总结智慧城市发展原理,全面、多维、立体解析层级子系统、区块子系统、应用子系统、循环子系统以及运行管理体系等架构与内在

逻辑关系。要分级分类推进，强化系统设计和滚动规划，坚持科学规划和超前思考，综合分析城市发展定位、经济社会发展水平、人口规模、区位特点、传统文化等，因地制宜，因势利导，制定合适的建设路线图。要建立健全城市间互动合作机制，加强在发展规划、技术标准、信息基础设施建设、智慧应用、公共服务等方面的对接协作，提高区域智慧化水平。

三、坚持由各自为政向协调一体转变的大融合应用

运用信息化手段服务疫情防控和复工复产时，各地政府面临的最大挑战来自数据，包括数据采集不充分、流通不顺畅等。比如，在疫情防控中，一些城市医疗资源、防疫物资、企业产能数据缺失，只能采取传统手段临时报数，信息僵化、重复采集等问题突出，无法支撑防疫指挥机关进行有效调配；在推进复工复产时，面对跨区域人员流动带来的防疫压力，各地数据无法流通互认，难以与医疗、公安、交通等信息第一时间互融，为精准把握外来人员健康状况带来了一定的难度。

智慧城市强调人与物、物与物、人与人之间的相互联系、相互感知、相互交流，是集硬件、信息、产业、技术、模式、资本于一体的开放而复杂的系统。它包含所有的技术、IT 厂商、组织机构和不同行业企业，必然要实现各类资源的高度整合。要加强基础设施建设，借助物联网、云计算、5G 移动通信技术等新一代信息技术，将城市中的信息基础设施、社会基础设施和工商业基础设施等连接起来，构建高速连接、移动互联、覆盖广泛的智慧城市基础设施体系，提高人与物、物与物、人与人的互联互通、全面感知能力，形成人口数据库、法人数据库、基础设施数据库、业务职能数据库等数据库群，为全面实现数据共享与业务协同打牢基础。要建立完善统一的数据汇聚融合平台，将政府各部门数据及社会数据按照类别、密级等条件进行集中存储，通过分析加工整理对信息资源进行重组重构，按需、主动共享给政府、企业和

公众，切实盘活数据存量、消除信息壁垒，真正让数据流动起来，实现数据资源的最大化共享和最优化配置。

四、坚持由重建轻用向建用并举转变的大效度提升

在多地重大突发公共卫生事件应急响应级别降为三级之后，作为抗击疫情的应急产物，曾投入大量人力物力、采集大量信息、拥有众多用户的健康码该何去何从，多地尚未给出定论或规划。日前，作为最早上线健康码系统的城市，杭州公布了关于健康码的后续设想，该市计划通过扩充监测范围，将饮酒吸烟、运动等因素纳入健康码，记录用户的健康状况。暂且不论该设计是否合理，但透过健康码可以看出部分地方在智慧应用设计中，存在着只注重满足短期需求，缺少长期规划的问题。

智慧城市建设必须避免长期以来重建设、重技术而轻需求、轻应用的现象，将智慧城市的项目建设、技术运用与服务供给、城市管理、产业发展统一起来，重视便民利民的应用开发和推广普及，加快管理机制优化和管理方式创新，推动信息技术与实体经济的深层次融合发展，最终实现公共服务个性化、城市管理智能化、产城融合一体化的整体提升。要优化服务供给，通过迭代更新信息技术提供更加全面、便捷、优质、定制化服务，实现管理方式由“粗放化”管理向“精细化”管理转变，服务方式由“被动式”服务向“主动式”服务转变，管理服务内容也由满足人的物质需求向均衡满足人的物质、精神需求转变。要突出问题导向，通过新一代信息技术倒逼城市的管理体制、治理结构、公共服务、产业布局更加合理优化、透明高效，更好解决人民群众的衣食住行、安居乐业、生老病死等现实问题。要坚持建管并重，既重视大数据、云计算、5G 移动通信等技术在智慧城市建设中的运用，又关注智慧城市应用项目的科学设计，更注重城市运行管理的常态长效，防止智慧城市建设陷入“技术陷阱”。

五、坚持由单向着力向整体合力转变的大支撑保障

疫情期间,某地一市民私自离境感染新冠病毒,接连乘坐多种公共交通工具,致使多名密切接触者被隔离、其单位所在办公地点停工,给当地疫情防控工作带来严重的负面影响。这一事件有两个关键节点,一是当其归国入境后,大数据系统未第一时间捕获其入境信息并由北京传至当地;二是当其返回所在地,通过扫码进入小区后,社区未第一时间掌握其行踪并有效实施隔离。这充分暴露出线上线下信息不同步、管理部署不衔接,管理出现"真空地带"等问题。

智慧城市建设是一项庞大、长期、复杂的工程,需要系统、全面、有力的保障体系来支撑。要强化体制创新,统筹好政府、企业、市民三大主体,改变政府主导的单一建设模式,坚持以政府为主导、企业为主体,鼓励社会资本、社会组织充分参与,让政府有形之手、市场无形之手、市民勤劳之手同向发力,集聚起促进城市发展的强大正能量。要强化投入保障,推广应用智慧城市建设 PPP 模式,通过公私合作等多元方式,积极探索构建合理可行的商业运作模式,打造智慧城市可持续发展的内生动力,实现多方参与、资源整合、政企共赢、公众受益的新生态。要强化公众参与,尊重市民对城市发展决策的知情权、参与权、监督权,鼓励企业和市民通各种方式参与智慧城市建设与管理,拓宽参与路径,畅通反馈渠道,真正实现智慧城市的共建共治共享。

六、坚持由被动防范向自主可控转变的大安全战略

按照疫情防控要求,多数人通过所在单位、学校或社区等渠道,如实上报了个人信息。此举为疫情防控提供了有效支持,但同时也使个人信息安全面临严峻挑战,比如,个人在通过企业构建的平台进行信息上传时,存在

如何避免信息泄露或被企业利用的问题。另外，疫情结束后，对于大量个人健康信息是否需要进行销毁等应作出规划，以避免占用过多的信息存储资源。

网络安全和信息化是相辅相成的，安全是发展的前提，发展是安全的保障，安全和发展必须同步推进。智慧城市建设要破除“先建设再规范”的落后理念，把安全体系建设作为一项重要建设内容，高度重视智慧城市的安全需求。要增强安全意识，把网络安全、信息安全、城市安全提升到国家安全的高度去认识和把握，将维护网络安全作为政府的重要职责。要加大安全投入，积极引入各种配套的网络安全设备设施，做好网络安全技术应用，加强网络安全监管和实时监测，特别在事关国计民生的信息基础设施建设中优先与国内企业合作。要强化安全管理，建立健全信息资源采集、存储、交换、使用过程中的安全保障制度，确保信息资源的保密性、安全性和可控性。

随着智慧城市建设步伐的不断加快、信息技术的不断进步以及我国智慧城市建设实践经验的不断积累，关于智慧城市建设的理论研究，特别是其中信息资源整合相关理论研究必将不断深入，本书的探讨还只是对智慧城市系统设计中信息资源整合的一个阶段性研究，更深层次的理论研究有待随着实践的深入继续深化。

当前，智慧城市建设正面临前所未有的机遇。物联网、5G 通信、云计算、大数据、区块链、人工智能等新兴技术迅猛发展，为智慧城市系统设计中的信息资源整合提供了技术支撑。加之国家和地方各级政府的高度重视，让我们共同期待我国智慧城市建设更加美好的未来！

参考文献

1. 陈柳钦. 智慧城市:全球城市发展新热点[J]. 青岛科技大学学报(社会科学版),2011(01).

2. 王家耀,徐青,等. 开发信息资源,实现信息共享——数字城市建设中信息共享问题的思考[C]. 2005 中国数字城市发展战略论坛,2005.

3. 辜胜阻,杨建武,等. 当前我国智慧城市建设中的问题与对策[J]. 中国软科学,2013(01).

4. 钟朝永,贾金和. 智慧城市建设中的问题与完善对策[J]. 工程技术:引文版,2015.

5. 李广乾. 当前我国智慧城市发展面临的问题与对策[J]. 中国信息界,2013(01).

6. 朱晓峰. 政府信息资源规划研究[J]. 图书情报工作,2016(08).

7. 昝廷全. 论传播的分类及其数学模型[J]. 中国传媒大学学报(自然科学版),2006(03).

8. PAWLAK Z. Rough Sets, Decision Algorithm and Bayes ´Theorem[J]. European Journal of Operation Research, 2002, 136(1).

9. 昝廷全,应思思. 传播有效性原理的粗传递模型[J]. 中国传媒大学学报

（自然科学版）,2010(06).

10. 昝廷全,赵永刚. 信息粗交流在价格形成机制中的作用研究[J]. 中国传媒大学学报(自然科学版),2010(05).
11. 昝廷全,昝小娜. 信息粗传递及其传播学意义[J]. 现代传播,2017(04).
12. IBM 商业价值研究院. 智慧的城市在中国[R]. IBM,2009.
13. RUDOLF GIFFINGER, et al. Smart cities—ranking of European medium sized cities[J]. Centre of Regional Science, Vienna UT, 2009(10).
14. FORRESTER RESEARCH. Helping CIOs Understand "Smart City" Initiatives: Defining the Smart City, Its Drivers and the Roleof the CIO[EB/OL]. 2010. http://public. dhe. ibm. com/partnerworld/pub/smb/smarterplanet/forr_help_cios_und_smart_city_initiatives. pdf.
15. 成思危. 在廊坊 2010APEC 智慧城市智能产业高端会议上的发言[EB/OL]. 2010. http://www. 518. gov. cn/518history/34. jhtml.
16. 物脉周刊. 中国智慧城市的愿景与本质特征[EB/OL]. 2010. http://opinion. im2m. com. cn/wmzk/.
17. 李成名,刘晓丽. 数字城市到智慧城市的思考与探索[J]. 中国工程科学,2013(05).
18. 胡小明. 智慧城市的思维层次[N]. 北京:中国建设报,2018-5-28.
19. 宋健. 城市信息化风险管理研究[D]. 天津:天津大学博士学位论文,2009.
20. ANTHOPOULOS L. Understanding the Smart City Domain: A Literature Review. In: Rodríguez-Bolívar M. (eds) Transforming City Governments for Successful Smart Cities. Public Administration and Information Technology, vol 8. Springer, Cham, 2015.
21. DAMERI, COCCHIAA. Smart city and digital city: twenty years of terminology evolution. In X Conference of the Italian Chapter of AIS, ITAIS, 2013.

22. HAMPTON, GUPTA. Community and social interaction in the wireless city: Wi-Fi use in public and semi-public spaces[J]. New Media & Society, 2008, 10(6).

23. QI L, SHAOFU L. Research on Digital City Framework Architecture[C]//IEEE International Conferences on Info-Tech and Info-Net, 2001.

24. GREGORY S. YOVAN OF, GEORGE N. HAZAPIS. An Architectural Framework and Enabling Wireless Technologies for Digital Cities & Intelligent Urban Environments[J]. Wireless Personal Communications, 2009.

25. 巫细波,杨再高. 智慧城市理念与未来城市发展[J]. 城市发展研究,2010(11).

26. 吴胜武,闫国庆. 智慧城市——技术推动和谐[M]. 杭州:浙江大学出版社,2010.

27. SAM ALL WINKLE, PETER CRUICKSHANK. Creating Smarter Cities: An Overview[J]. Journal of Urban Technology. Volume: 18 Issue, 2011.

28. 吴余龙,艾浩军. 智慧城市——物联网背景下的现代城市建设之道[M]. 北京:电子工业出版社,2011.

29. 钱志新. 大智慧城市——2020 年城市竞争力[M]. 南京:江苏人民出版社,2011.

30. 王操. 上海建设智慧政府的战略思路[M]//上海社会科学院信息研究所. 智慧城市论丛. 上海:上海社会科学院出版社,2011.

31. 岳梅樱. 智慧城市实践分享系列谈[M]. 北京:电子工业出版社,2012.

32. M. BATTY, K. AXHAUSEN. Smart cities of the future[J]. The European Physical Journal Special Topics, 2012.

33. 辜胜阻,王敏. 智慧城市建设的理论思考与战略选择[J]. 中国人口资源与环境,2012(05).

34. GERHARD SCHMITT. Spatial modeling issues in future smart cities[J]. Geo-

spatial Information Science,2013,16(01).

35. NICOS KOMNINOS. Intelligent cities: towards interactive and global innovation environments[J]. International Journal of Innovation and Regional Development. Volume:1 Issue,2008.

36. 吴胜武,闫国庆. 智慧城市——技术推动和谐[M]. 杭州:浙江大学出版社,2010.

37. 吴余龙,艾浩军. 智慧城市——物联网背景下的现代城市建设之道[M]. 北京:电子工业出版社. 2011.

38. 王世伟,等. 智慧城市辞典[M]. 上海:上海辞书出版社,2011.

39. 杨再高. 智慧城市发展策略研究[J]. 科技管理研究,2012,32(07).

40. 辜胜阻,王敏. 智慧城市建设的理论思考与战略选择[J]. 中国人口·资源与环境,2012(05).

41. EDWARD J. JEPSON JR. , MARY M. EDWARDS. How Possible is Sustainable Urban Development? An Analysis of Planners´Perceptions about New Urbanism, Smart Growth and the Ecological. City. Planning [J] Practice & Research. Volume 25, Issue 4, 2010.

42. 毛艳华. 基于主体—对象—过程治理模型的智慧城市治理模式研究[J]. 商场现代化,2012(05).

43. 李勇. 国外智慧城市的理论与实践[M]//上海社会科学院信息研究所. 智慧城市论丛. 上海:上海社会科学院出版社,2011.

44. 邓贤峰. "智慧城市"建设的风险分析[J]. 财经界,2011(01).

45. 李勇. 智慧城市建设对城市信息安全的强化与冲击分析[J]. 图书情报工作,2012(06).

46. JOHN V. WINTERS. Why are smart cities growing? who moves and who stays[J]. Journal of Regional Science, 2011, 51(2).

47. 赵付春. 上海建设智慧政府的战略思路[M]//上海社会科学院信息研究

所. 智慧城市论丛. 上海:上海社会科学院出版社,2011.
48. 陈铭,等. 智慧城市评价指标体系研究——以"智慧南京"建设为例[J]. 城市发展研究,2011(05).
49. 张梅燕. 智慧城市成熟度评估系统的构建基础和原则[J]. 经济导刊,2012(03).
50. 唐建荣,童隆俊,邓贤峰. 智慧南京——城市发展新模式[M]. 南京:南京师范大学出版社,2011.
51. 杨冰之,郑爱军. 智慧城市发展手册[M]. 北京:机械工业出版社,2012.
52. 郑立明. 关于建设智慧城市的战略思考[J]. 现代管理科学,2011(08).
53. 孟凡坤. 我国智慧城市政策演进特征及规律研究——基于政策文献的量化考察[J]. 情报杂志,2019(03).
54. 刘士林,马摇娜,赵思雨. 标准化视角下智慧城市建设面临的问题及发展路径[J]. 上海交通大学学报,2015(8).
55. ZAN TINGQUAN, ZHU lIXIN. Operational analysis of natural resources and its pan weighted network Models[J]. Applied Mathematics and Mechanics, 1988(08).
56. 昝廷全. 资源位的层级结构及其政策启示[J]. 中国工业经济,2001(06).
57. 昝廷全. 资源位理论及其政策启示[J]. 中国工业经济,2000(09).
58. 昝廷全. 资源位定律及其运用[J]. 中国工业经济,2005(11).
59. 昝廷全. 资源位第三定律:连通性的经济学[J]. 中国传媒大学学报(自然科学版),2013(03).
60. 彭洁,赵伟,屈宝强,等. 科技资源管理基础[M]. 北京:科学技术文献出版社,2014.
61. 韩红旗,安小米. 1991-2010 信息资源管理研究发展状况的文献计量分析[J]. 情报科学,2013(04).
62. 李迎迎,王焕景,郑春厚. 国内外图书馆数字资源评价的文献计量与内容分析[J]. 现代情报,2014(01).

63. 金燕. 网络信息资源整合研究[J]. 现代情报,2007(07).

64. PEARCE JUDITH,WARWICK CATHRO,TONY BOSTON. The Challenge of Integrated Access:the Hybrid Library System of the Future. Books and Bytes: Technologies for the Hybrid Library. Melbourne, Victorian Association of Library Automation Inc,2000.

65. PETER HADDAD. Integrating Digital Resources into the Library Information Infrastructure. 14th National Cataloguing Conference, 61. Geelong Waterfront Campus, Deakin University, 2001.

66. GRAHNE GAASTA, KIRICENKO VICTORIA. Towards an algebraic theory of information integration[J]. Information and Computation. 2004.

67. ROUSSET MARIE-CHRISTINE, REYNAUD CHANTAL. Knowledge representation for information integration[J]. Information Systems. 2004.

68. 范爱红,姜爱蓉. 基于知识管理的学术信息资源整合体系——对 ISI Web of Knowledge 的评介[J]. 现代图书情报技术,2001(11).

69. 李富玲,卢振波. SFX——信息资源整合新工具[J]. 现代图书情报技术,2002(11).

70. 王平,姜爱蓉. 国内外数字信息资源整合管理系统的对比研究与思考[J]. 上海交通大学学报,2003(12).

71. 马文峰. 数字资源整合研究[J]. 中国图书馆学报,2002,28(4).

72. 马文峰. 基于知识组织理论之上的信息资源整合[J]. 情报资料工作,2003(1).

73. 程丽,粟慧. 浅论高校图书馆信息资源整合[J]. 图书馆建设,2004(2).

74. 刘新周. 图书馆数字资源整合浅谈[J]. 科技情报开发与经济,2004,14(8).

75. 黄晓斌,夏明春. 论图书馆数字资源的整合[J]. 图书情报工作,2005(1).
76. 黄晓斌,夏明春. 数字资源整合研究的现状及发展方向[J]. 图书情报工作,2005(01).
77. 赵海霞,姜雷. 电子文献资源整合的社会动因分析[J]. 情报资料工作,2005(01).
78. 张秀华,赵伟,等. 基于 Multi-Agent 的图书馆网络信息资源整合系统研究[J]. 情报理论与实践,2006(11).
79. 李枫林,胡昌平. 面向用户的网络信息资源整合策略[J]中国图书馆学报,2004(05).
80. 汪会玲,刘高勇. 从面向资源的信息资源整合到面向用户的信息资源整合[J]. 图书情报工作,2005(07).
81. 钱庆,李军莲等. 面向用户的自建信息资源整合平台建设[J]. 医学信息杂志,2009(01).
82. 吴伯成. 基于用户行为的信息资源整合及服务模式探究[J]. 现代情报,2009(04).
83. 申彦舒,姚志宏. 基于用户的图书馆信息资源整合[J]. 图书馆学刊,2010(12).
84. 洪伟达. 基于电子政务信息资源整合的政府组织结构机制研究[J]. 情报探索,2013(01).
85. 徐威. 依托门户网站平台的电子政务信息资源整合研究[D]. 苏州:苏州大学硕士学位论文,2009.
86. 肖荣莲. 基于门户网站的电子政务信息资源整合研究[D]. 哈尔滨:黑龙江大学硕士学位论文,2008.
87. 翟秀丽. 我国政府门户网站中政务信息资源整合研究[D]. 郑州:郑州大学硕士学位论文,2011.

88. 周九常,高洁. 基于知识管理的电子政务信息资源整合[J]. 情报科学,2006(11).
89. 何振,姚志勇. 我国电子政务信息资源共建共享的必要性和可行性[J]. 情报杂志,2005(11).
90. 文庭孝,罗贤春,刘晓英. 电子政务信息资源共享本质及其动力机制研究[J]. 图书情报知识,2008(02).
91. 牛力,李月,韩小汀. 我国政务信息资源整合与共享研究综述[J]. 情报杂志,2013(05).
92. 郑磊. 跨边界信息共享中的领导力行为研究[M]. 上海:复旦大学出版社,2012.
93. 贺军. 电子政务信息资源整合的障碍分析[J]. 现代情报,2007(02).
94. 易晓阳,罗贤春. 电子政务信息资源共享的法制保障研究——基于《政府信息公开条例》与《政府信息公开条例专家建议稿》的比较研究[J]. 图书情报知识,2008(02).
95. 王宁. 电子政务中信息资源整合的建模方法与应用研究[D]. 大连:大连理工大学博士学位论文,2005.
96. 熊曙初,罗毅辉. 统一电子政务信息资源库模型的研究与设计[J]. 计算机工程与设计,2008(02).
97. 张玉涛,夏立新. 基于主题图的电子政务信息资源整合模型研究[J]. 情报杂志,2009(07).
98. 康虹,王敏. 从知识管理视觉整合政府网络信息资源的模型[J]. 情报杂志,2006(05).
99. 武力. 1978—2000 年中国城市化进程研究[J]. 中国经济史研究,2002.
100. 金花. 我国城镇化发展的阶段性特征与主要矛盾[J]. 经济纵横,2011(11).
101. 潘懋,金江军. 城市信息化方法与实践[M]. 北京:电子工业出版社,2006.

102. 牛文元. 智慧城市是新型城镇化的动力标志[J]. 中国科学院院刊,2014(01).

103. 满青珊,孙亭. 新型智慧城市理论研究与实践[J]. 指挥信息系统与技术,2017(03).

104. 孙亭,李梦月. 新型智慧城市分级分类方法及体系架构[J]. 指挥信息系统与技术,2016(01).

105. 臧维明,李月芳等. 新型智慧城市标准体系框架及评估指标初探[J]. 中国电子科学研究院学报,2018(02).

106. 成思危. 中国智慧城市论坛 2011、2012、2013、2014 年度中国智慧城市大会主旨报告[EB/OL]. http//www. ChinaSmarterc icy. org.

107. 赵勇,吴玉玲等. 新型城镇化背景下智慧城市建设实践的思考——以河北省智慧城市试点为例[J]. 现代城市研究,2015(01).

108. 席广亮,甄峰. 智慧城市建设推动新型城镇化发展策略思考[J]. 城市规划,2014(05).

109. 刁生富,姜德峰. 论新型智慧城市建设的推进策略[J]. 中国管理信息化,2018(01).

110. 李昊,王鹏. 新型智慧城市七大发展原则探讨[J]. 规划师,2017(05).

111. 赵晨,杨天开,等. 新型智慧城市发展趋势和思路探讨[J]. 中国管理信息化,2017(03).

112. 王世伟,王兴全等. 智慧城市辞典[M]. 上海:上海辞书出版社,2011.

113. 昝廷全. 系统经济学第二卷:理论与模型[M]. 北京:中国经济出版社,1997.

114. 昝廷全. 系统经济学第一卷:概念、原理与方法论[M]. 香港:经济与法律出版社,1995.

115. 昝廷全. 系统经济学的对象、内容与意义[J]. 经济学动态,1996(10).

116. 程俊,马云峰. 论智慧城市与顶层设计[J]. 电脑知识与技术,2014(21).
117. TINGQUAN ZAN, LIXIN ZHU. Operational Analysis of Natural Resources and Its Pan-weighted Network Models[J]. Applied Manthematics and Mechanics,1988,10.
118. TINGQUAN Z, XUEMOU W. A pansystems clustering approach and hierarchical analysis of complex systems[J]. Kybernetes,1995,24(2).
119. 赛佛林,坦卡德. 传播理论:起源、方法、与应用[M]. 北京:华夏出版社,2000.
120. ZACHMAN J. A Framework for Information Systems Architecture[J]. IBM Systems Journal,1987,26(3).
121. FORUM TOGA. The Open Group Architecture Framework[M]. Betascript Publishing,2010.
122. COUNCIL, T. C. I. O. Federal Enterprise Architecture Framework 1.1[S/OL]. [2016-12-09]. http://www.cio.gov/documents/fedarch1.pdf.
123. 张强. 论智慧城市中信息资源的整合与开发[J]网络信息管理研究,2017(9).
124. 吴倩. 浅析智慧城市的信息资源的整合与开发[J]城市建设,2018(12).
125. 商明明. 论资源整合在智慧城市建立中的价值[J]社会研究,2016(9).
126. 姜德峰,齐瑞瑞. 智慧城市基础设施建设与评估[J]. 电视技术,2013(14).
127. 王枫云,陈亚楠. 大数据时代的智慧城市建设与发展困局化解[J]. 上海城市管理,2016(02).
128. 李德仁,邵振峰,等. 从城市到智慧城市的理论与实践[J]. 地理空间信息,2011(06).
129. 洪伟达. 基于电子政务信息资源整合的政府组织结构机制研究[J]. 情

报探索,2013(01).
130. 周毅.论政府信息服务整合平台的构建[J].情报理论与实践,2009(12).
131. 陈雅芝,刘萍,杜剑楠.政府信息资源市场化开发利用研究[J].长安大学学报(社会科学版),2013(03).
132. 喻国明,樊拥军.集成经济:未来传媒产业的主流经济形态——试论传媒产业关联整合的价值构建[J].编辑之友,2014(4).
133. 史健勇.优化产业结构的新经济形态——平台经济的微观运营机制研究[J].上海经济研究,2013(8).
134. 周振华.信息化与产业融合[M].上海:上海人民出版社,2003:211.
135. 张瑜烨,强月新.新闻传媒与和谐社会经济发展的共生关系[J].湖北大学学报(哲学社会科学版),2010(9).
136. 孙俨斌."社会资本"视角对传媒经济研究的三个跨越[J].新闻记者,2014(2).
137. 唐凌.传媒经济对中国经济发展的影响[J].经济研究导刊,2013(33).
138. 樊拥军.传媒集成经济研究——基于互联网时代的新视野[M].北京:人民出版社,2017.
139. 巴兰,戴维斯.大众传播理论:基础、争鸣与未来[M].清华大学出版社,2004.
140. 小约翰.传播理论[M].中国社会科学出版社,1999.
141. 郭庆光.传播学教程[M].中国人民出版社,2011.
142. 邵培仁.传媒模式论[J].杭州大学学报(社会科学版),1996(2).

附　录

附录1　智慧城市相关政策文件

发布时间	政策名称	文号
2002.8.20	国家信息化领导小组关于我国电子政务建设指导意见	中办发〔2002〕17号
2004.12.13	中共中央办公厅、国务院办公厅关于加强信息资源开发利用工作的若干意见	中办发〔2004〕34号
2005.7.14	关于推动北京市东城区数字化城市管理模式的意见	建城〔2005〕121号
2006.3.19	国家信息化发展战略(2006—2020)	中办发〔2006〕11号
2006.3.19	国家电子政务总体框架	国信〔2006〕号
2007.1.29	关于加快推进数字化城市管理模式的意见	建办城函〔2007〕42号
2011.9.13	全国政务公开领导小组关于开展依托电子政务平台加强县级政府政务公开和政务服务试点工作意见	国办函〔2011〕99号
2012.5.5	“十二五”国家政务信息化工程建设规划	发改高技〔2012〕1201号
2012.6.28	国务院关于大力推进信息化发展和切实保障信息安全的若干意见	国发〔2012〕23号
2012.11.22	住房城乡建设部办公厅关于开展国家智慧城市试点工作的通知	建办科〔2012〕42号
2012.12.8	关于开展智慧城市时空信息云平台建设试点工作的通知	国测国发〔2012〕122号

续表

发布时间	政策名称	文号
2013.2.5	国务院关于推进物联网有序健康发展的指导意见	国发〔2013〕7号
2013.8.1	住房城乡建设部办公厅关于发布2013年度国家智慧城市试点名单的通知	建办科〔2013〕22号
2013.8.8	国务院关于促进信息消费扩大内需的若干意见	国发〔2013〕32号
2013.10.1	国务院办公厅关于进一步加强政府信息公开回应社会关切提升政府公信力的意见	国办发〔2013〕100号
2014.1.15	关于加快实施信息惠民工程有关工作的通知	发改高技〔2014〕46号
2014.3.16	国家新型城镇化规划(2014—2020)	国务院公报〔2014〕9号
2014.8.27	国家发改委、工业和信息化部、科技部、公安部、财政部、国土资源部、住房和城乡建设部、交通运输部关于印发促进智慧城市健康发展的指导意见的通知	发改高技〔2014〕1770号
2014.11.26	国务院办公厅关于促进电子政务协调发展的指导意见	国办发〔2014〕66号
2014.12.30	中央网络安全和信息化领导小组办公室关于加强党政部门云计算服务网络安全管理的意见	中网办发文〔2014〕14号
2015.1.30	国务院关于促进云计算创新发展培育信息产业新业态的意见	国发〔2015〕5号
2015.4.7	住房城乡建设部办公厅、科学技术部办公厅关于公布国家智慧城市2014年度试点名单的通知	建办科〔2015〕15号
2015.7.1	国务院办公厅关于大数据加强对市场主体服务和监管的若干意见	国办发〔2015〕51号
2015.7.4	国务院关于积极推进“互联网+”行动的指导意见	国发〔2015〕40号
2015.8.31	促进大数据发展行动纲要	国发〔2015〕50号
2015.11.11	国家标准委、中央网信办、国家发改委关于开展智慧城市标准体系和评价指标体系建设及应用实施的指导意见	国标委工二联〔2015〕64号
2016.2.2	国务院关于深入推进新型城镇化建设的若干意见	国发〔2016〕8号
2016.2.6	中共中央、国务院关于进一步加强城市规划建设管理工作的若干意见	中发〔2016〕6号
2016.4.14	国务院办公厅关于转发国家发改委等部门推进“互联网+政务服务”开展信息惠民试点实施方案的通知	国办发〔2016〕23号

续表

发布时间	政策名称	文号
2016.5.26	关于开展智慧城市创建工作情况总结的通知	建科综函〔2016〕67 号
2016.7.27	国家信息化发展战略纲要	中办发〔2016〕50 号
2016.9.5	国务院关于印发政务信息资源共享管理暂行办法的通知	国发〔2016〕51 号
2016.9.25	国务院关于加快推进“互联网＋政务服务”工作的指导意见	国发〔2016〕55 号
2016.11.22	关于组织开展新型智慧城市评价工作务实推动新型智慧城市健康快速发展的通知	发改办高技〔2016〕2476 号
2016.12.15	“十三五”国家信息化规划	国发〔2016〕73 号
2016.12.18	大数据产业发展规划(2016—2020)	工信部规〔2016〕412 号
2016.12.20	“互联网＋政务服务”技术体系建设指南	国办函〔2016〕108 号
2017.1.15	中共中央办公厅、国务院办公厅关于促进移动互联网健康有序发展的意见	
2017.7.8	新一代人工智能发展规划	国发〔2017〕35 号
2017.7.31	“十三五”国家政务信息化工程建设规划	发改高技〔2017〕1449 号
2017.9.6	智慧城市时空大数据与云平台建设技术大纲	
2018.1.7	中共中央办公厅国务院办公厅印发《关于推进城市安全发展的意见》的通知	
2018.1.30	国家测绘地理信息局关于印发 2018 年测绘地理信息工作要点的通知	国测发〔2018〕2 号
2018.2.23	国家标准化管理委员会关于印发 2018 年全国标准化工作要点的通知	
2018.3.9	国家发展改革委关于实施 2018 年推进新型城镇化建设重点任务的通知	
2018.4.2	教育部关于印发《高等学校人工智能创新行动计划》的通知	教技〔2018〕3 号
2018.4.25	国务院办公厅关于促进“互联网＋医疗健康”发展的意见	国办发〔2018〕26 号
2018.5.11	工业和信息化部 国资委关于深入推进网络提速降费加快培育经济发展新动能 2018 专项行动的实施意见	工信部联通信〔2018〕87 号

续表

发布时间	政策名称	文号
2018.6.10	国务院办公厅关于印发进一步深化“互联网+政务服务”推进政务服务“一网、一门、一次”改革实施方案的通知	国办发〔2018〕45号
2018.7.27	工业和信息化部 发展改革委关于印发《扩大和升级信息消费三年行动计划(2018—2020年)》的通知	工信部联信软〔2018〕140号
2018.7.31	国务院关于加快推进全国一体化在线政务服务平台建设的指导意见	国发〔2018〕27号
2018.10.27	工业和信息化部办公厅关于公布2018年大数据产业发展试点示范项目的通知	工信厅信软函〔2018〕339号
2018.11.5	工业和信息化部关于工业通信业标准化工作服务于“一带一路”建设的实施意见	工信部科〔2018〕231号
2018.11.8	工业和信息化部办公厅关于印发《新一代人工智能产业创新重点任务揭榜工作方案》的通知	工信厅科〔2018〕80号
2018.11.23	住房城乡建设部办公厅关于印发贯彻落实城市安全发展意见实施方案的通知	
2019.1.22	国家卫生健康委办公厅关于开展“互联网+护理服务”试点工作的通知	国卫办医函〔2019〕80号
2019.1.24	中共中央 国务院关于支持河北雄安新区全面深化改革和扩大开放的指导意见	
2019.1.24	自然资源部办公厅关于印发《智慧城市时空大数据平台建设技术大纲(2019版)》的通知	自然资办函〔2019〕125号
2019.1.31	国务院关于全面推进北京市服务业扩大开放综合试点工作方案的批复	国函〔2019〕16号
2019.2.18	中共中央、国务院印发粤港澳大湾区发展规划纲要	
2019.2.20	科技部关于支持北京建设国家新一代人工智能创新发展试验区的函	国科函规〔2019〕27号
2019.5.22	科技部关于支持上海建设国家新一代人工智能创新发展试验区的函	国科函规〔2019〕80号
2019.4.3	中华人民共和国政府信息公开条例	国务院令 第711号
2019.4.26	国务院关于在线政务服务的若干规定	国务院令 第716号
2019.5.18	国务院办公厅关于印发职业技能提升行动方案(2019—2021年)的通知	国办发〔2019〕24号

附录2 住房和城乡建设部公布的国家智慧城市试点名单

省/市/自治区	第一批	第二批	第三批
北京市	东城区、朝阳区、未来科技城、丽泽商务区	经济开发区、房山区长阳镇	门头沟、大兴区庞各庄镇、新首钢高端产业综合服务区、房山区良乡高教园区、西城区牛街街道
天津市	津南新区、生态城	武清区、河西区	天津滨海高新技术开发区京津合作示范区、静海县
河北省	石家庄市、秦皇岛市、廊坊市、邯郸市、迁安市、北戴河新区	唐山市曹妃甸区、唐山市滦南县、保定市博野县	唐山市、石家庄市正定县、廊坊市固安县、邯郸市丛台区
山西省	太原市、长治市、朔州市平鲁区	阳泉市、大同市城区、晋城市、朔州市怀仁县	大同市、忻州市、吕梁市离石区
内蒙古自治区	乌海市	呼伦贝尔市、鄂尔多斯市、包头市石拐区	呼和浩特市
辽宁省	沈阳市浑南新区、大连生态科技新城	营口市、庄河市、大连市普湾新区、沈阳市沈河区、铁西区、沈北新区	沈阳市和平区、新民市、辽源市东丰县
吉林省	辽源市、磐石市	四平市、榆树市、长春高新技术产业开发区、白山市抚松县、吉林市船营区搜登站镇	通化市、白山市江源区、临江市、吉林市高新区、长春净月高新技术产业开发区
黑龙江省	肇东市、肇源县、桦南县	齐齐哈尔市、牡丹江市、安达市	佳木斯市、尚志市、哈尔滨市香坊区
上海市	浦东新区		
江苏省	无锡市、常州市、镇江市、泰州市、南京河西新城(建邺区)、苏州工业园区、盐城市城南新区、昆山市花桥经济技术开发区、昆山市张浦镇	南通市、丹阳市、苏州吴中太湖新城、宿迁市洋河新城、昆山市、徐州市丰县、连云港市东海县、常州市新北区、南京市高淳区、麒麟科技创新园(生态科技城)	徐州市(含新沂市)、东台市、常熟市、淮安市洪泽县、泰州市经济技术开发区

续表

省/市/自治区	第一批	第二批	第三批
浙江省	温州市、金华市、诸暨市、杭州市上城区、宁波市镇海区	杭州市拱墅区、杭州市萧山区、宁波市(含海曙区、梅山保税港区、咸祥镇)、宁波市宁海县、临安市昌化镇	温岭市、富阳市常安镇、宁波大榭开发区、温州市苍南县
安徽省	芜湖市、铜陵市、蚌埠市、淮南市	阜阳市、黄山市、淮北市、合肥高新技术产业开发区、宁国港口生态工业园区、六安市霍山县	宿州市、亳州市、六安市金寨县、滁州市(含定远县)、阜阳市太和县
福建省	南平市、平潭市、福州市苍山区	莆田市、泉州台商投资区	长乐市、泉州市(含德化县、安溪县蓬莱镇)、漳州招商局经济技术开发区
江西省	萍乡市、南昌市红谷滩新区	新余市、樟树市、共青城市、上饶市婺源县	鹰潭市、吉安市、抚州市南丰县、南昌市东湖区、南昌市高新区
山东省	东营市、威海市、德州市、新泰市、寿光市、昌邑市、肥城市、济南西区	烟台市、曲阜市、济宁市任城区、青岛市崂山区、青岛高新技术产业开发区、青岛中德生态园、潍坊市昌乐县、平度市明村镇	莱芜市、章丘市、诸城市、枣庄市薛城区、日照市莒县、潍坊市临朐县、济宁市嘉祥县、青岛西海岸新区(黄岛区)、莱西市、威海市乳山市
河南省	郑州市、鹤壁市、漯河市、济源市、新郑市、洛阳新区	许昌市、舞钢市、灵宝市	开封市、南阳市
湖北省	武汉市、吴山石江岸区	黄冈市、咸宁市、宜昌市、襄阳市、武汉市蔡甸区	荆州市(含洪湖市)、仙桃市、武汉市江夏区、黄冈市麻城市、襄阳市老河口市
湖南省	株洲市、韶山市、株洲市云龙示范区、浏阳市柏加镇、长沙市梅溪湖国际服务区	岳阳市岳阳楼区、长沙市长沙县、郴州市永兴县、郴州市嘉禾县、常德市桃源县漳江镇、长沙洋湖生态新城和滨江商务新城	永州市祁阳县、湘潭经济技术开发区、常德市(含津市市、澧县、汉寿县)、郴州市安仁县、郴州市宜章县

续表

省/市/自治区	第一批	第二批	第三批
广东省	珠海市、广州市番禺区、广州市萝岗区、深圳市坪山新区、佛山市顺德区、佛山市乐从镇	肇庆市端州区、东莞市东城区、中山翠亨新区、佛山市南海区	河源市江东新区
海南省	万宁市		
重庆市	南岸区、两江新区	永川区、江北区	渝中区
四川省	雅安市、成都市温江区、郫县	绵阳市、遂宁县、崇州市	阿坝州汶川县、宜宾市兴文县、广安县、泸州市、乐山市（含峨眉山市）、绵阳市江油市
贵州省	铜仁市、六盘水市、贵阳市乌当区	贵阳市、遵义市（含仁怀市、湄潭县）毕节市、凯里市、六盘水市盘县	安顺市西秀区
云南省	昆明市五华区	红河州蒙自市、红河州弥勒市	大理市、文山市、玉溪市
西藏自治区	拉萨市	林芝地区	
陕西省	咸阳市、杨凌示范区	宝鸡市、渭南市、延安市	汉中市
宁夏回族自治区	吴忠市	银川市、石嘴山市（含大武口区）、银川市永宁县	中卫市
新疆维吾尔自治区	库尔勒市、奎屯市		昌吉市、阿勒泰地区富蕴县、石河子市、五家渠市
广西壮族自治区		南宁市、柳州市（含鱼峰区）、桂林市、贵港市	钦州市、玉林市、柳州市鹿寨县
甘肃省		兰州市、金昌市、白银市、陇南市、敦煌市	张掖市、天水市
青海省			格尔木市、海南州贵德县、海南州共和县

附录3 信息资源目录

单位名称	描述信息	类型	要素
公安	户籍信息	个人	人
	户籍照片	个人	物品
	身份证信息	个人	人
	死亡注销信息	个人	事件
	往来港澳通行证信息	个人	证件
	往来台湾通行证信息	个人	证件
	新生儿户口登记信息	个人	事件
	因私护照信息	个人	证件
	暂住人口信息	个人	人
	爆炸品管理信息	企业	物品
	出生登记信息	个人	人
	出租房屋登记信息	个人	房
	典当业特种行业许可信息	企业	证件
	公章刻字业特种行业许可信息	企业	证件
	户籍管理信息	个人	事件
	特种行业许可信息	企业	证件
	网吧运营管理信息	企业	证件
	外国人签证信息	个人	人
	大型群众文化体育活动安全许可信息	政府	事件
	非现场文本记录	个人	事件
	机动车基本信息	个人	物品
	驾驶证信息	个人	证件
	违法记录	个人	事件
公交车	公交车位置	企业	物品
	公交车线路	企业	物品

续表

单位名称	描述信息	类型	要素
公交车	公交车线路距离	企业	物品
	公交车线路站点	企业	物品
	公交车站点	企业	物品
公积金	公积金单位信息	企业	组织
	公积金缴存人	个人	人
	公积金明细	个人	事件
	住房公积金账户信息	个人	事件
工商	店堂广告样件备案	企业	管理
	吊销营业执照信息	企业	事件
	分公司变更登记信息	企业	事件
	非公司企业改制为公司变更登记信息	企业	事件
	分公司设立登记信息	企业	事件
	非公司制法人变更登记信息	企业	事件
	非公司制法人设立登记信息	企业	事件
	非公司制法人注销登记信息	企业	事件
	分公司注销登记信息	企业	事件
	法人基本信息	企业	人
	股东构成信息	企业	人
	股份有限公司及分公司信息	企业	组织
	广告经营登记信息	企业	事件
	广告显示屏广告备案	企业	管理
	个人独资企业及分支机构信息	企业	组织
	工商处罚信息	企业	事件
	公司设立登记信息	企业	事件
	个体工商户信息	企业	人
	合伙企业及分支机构信息	企业	组织
	户外广告发布核准信息	企业	审计
	户外广告内容备案	企业	管理

续表

单位名称	描述信息	类型	要素
工商	举办拍卖会备案	企业	管理
	经纪人管理信息	企业	人
	集体企业营业单位信息	企业	组织
	集体所有制企业信息	企业	组织
	联营企业信息	企业	组织
	联营企业营业单位信息	企业	组织
	内资企业转外资企业	企业	组织
	拍卖会结果备案	企业	管理
	全民企业营业登记单位信息	企业	组织
	全民所有制企业信息	企业	组织
	企业备案信息	企业	管理
	迁移登记	企业	事件
	企业法人信息	企业	人
	企业机器设备及其他动产抵押登记	企业	物品
	企业集团变更登记信息	企业	事件
	企业集团设立登记信息	企业	事件
	企业集团注销登记信息	企业	事件
	企业名称预先核准登记	企业	审计
	企业年度检验	企业	事件
	企业年度检验信息	企业	事件
	商品交易市场登记信息	企业	事件
	商品展销会登记信息	企业	事件
	商品展销会内部组织审查情况备案	企业	管理
	申请到属地登记机关登记	企业	事件
	申请证照	企业	事件
	事业单位广告经营许可登记	企业	事件
	私营企业信息	企业	组织
	外国企业常驻代表企业变更登记信息	企业	事件

续表

单位名称	描述信息	类型	要素
工商	外国企业常驻代表企业设立登记信息	企业	事件
	外国企业常驻代表企业注销登记信息	企业	事件
	外商独资企业及分支机构信息	企业	组织
	外商投资企业变更登记信息	企业	事件
	外商投资企业分支机构变更登记	企业	事件
	外商投资企业分支机构设立登记	企业	事件
	外商投资企业分支机构注销登记信息	企业	事件
	外商投资企业设立登记信息	企业	事件
	外商投资企业注销登记信息	企业	事件
	烟草广告发布审批信息	企业	审计
	印刷品广告发布核准信息	企业	审计
	有限责任公司变更登记信息	企业	事件
	有限责任公司注销登记信息	企业	事件
	营业单位变更登记信息	企业	事件
	营业单位开业登记信息	企业	事件
	营业单位注销登记信息	企业	事件
	中外合作经营企业及分支机构信息	企业	组织
	中外合资营业企业及分支机构信息	企业	组织
计生	独生子女证信息	个人	证件
	服务人员职业资格证	个人	证件
	计划生育技术服务机构执业资格	企业	证件
	流出人口	个人	人
	流入人口	个人	人
	再生育服务许可证信息	个人	证件
	准生证信息	个人	证件
交通	公安－机动车驾驶证信息	个人	证件
	车辆报停	个人	物品
	车辆新增	个人	物品

续表

单位名称	描述信息	类型	要素
交通	车辆异地过户	个人	物品
	车辆转籍	个人	物品
	从事客货运输的车船信息	个人	物品
	从事客货运输的车辆信息	个人	物品
	超限运输车辆行驶公路通行证信息	个人	证件
	船员证书信息	个人	证件
	机动车登记信息	个人	事件
	机动车驾驶员培训学校信息	企业	组织
	机动车维修企业信息	企业	组织
	客(货)运企业经营许可证信息	企业	证件
	免费车辆新增	个人	物品
	免费证换发	个人	证件
	涉路工程建设许可证信息	政府	证件
	设置非公路标志许可证信息	政府	证件
	运营驾驶员从业资格信息	个人	证件
	运营驾驶员从业资格证信息	个人	证件
	从事危险货物运输经营驾驶装卸押运人员上岗资格	个人	证件
民政	办理老年优待证	政府	证件
	百岁老人信息	个人	人
	村居民自治信息	政府	事件
	残疾人信息	个人	人
	福利机构信息	政府	组织
	福利企业信息	企业	组织
	关爱优待老年人商家信息	企业	组织
	革命残疾军人信息	个人	人
	革命伤残人员认定评残	政府	事件
	婚姻登记信息	政府	事件

续表

单位名称	描述信息	类型	要素
民政	敬老院信息	政府	房
	军休干部管理	政府	人
	军休所管理信息	政府	组织
	开展创新双拥模范城活动	政府	事件
	民办非企业单位信息	政府	组织
	民办非企业单位印章样式银行账户	政府	物品
	确认革命烈士资格信息	政府	人
	社会福利性募捐义演	政府	事件
	社会服务单位信息	政府	组织
	社会救助信息	政府	事件
	涉华侨涉港澳台收养	政府	事件
	社会团体设立变更注销及修改	政府	事件
	社会团体信息	政府	组织
	设立社会福利机构	政府	组织
	市区街道住宅小区命名更名	政府	事件
	涉外涉华侨涉港澳台婚姻登记	政府	事件
	退役士兵安置信息	政府	事件
	五保供养信息	政府	人
	无军籍职工管理	政府	人
	宣传国防教育	政府	事件
	协调处理军地关系	政府	事件
	行政区划调整	政府	事件
	优抚对象信息	政府	人
	指导做好地方军事斗争准备和部队参加地方建设的工作	政府	事件
	镇级地名命名更名	政府	事件
	自然地理实体命名更名	政府	事件
人社	参保状态	个人	事件
	城镇人员就业登记	个人	人

续表

单位名称	描述信息	类型	要素
人社	单位基本信息	政府	组织
	劳动和社会保障事业发展计划指标信息	政府	事件
	社保个人基本信息	个人	人
	工伤保险信息	个人	事件
	举办全市性人才交流会审批信息	政府	事件
	社保缴费明细	个人	物品
	技工学校基本信息	政府	组织
	技工学校学生毕业证信息	个人	证件
	技工学校学生学籍信息	个人	人
	集体合同的签订变更	政府	事件
	就业证信息	个人	证件
	劳动保障行政执法信息	政府	事件
	劳动和社会保障综合统计信息	政府	事件
	劳动合同签证信息	个人	事件
	劳动争议处理信息	政府	事件
	离退休人员	个人	人
	离退休人员管理信息	个人	事件
	民办职业技能培训机构许可信息	政府	证件
	企业违反劳动用工和社会保险处罚信息	企业	事件
	企业单位年检信息	企业	事件
	企业职工工伤认定	企业	事件
	认定劳动就业服务企业性质	企业	事件
	社保缴费基数	个人	事件
	城市工人向直属单位流动信息	个人	事件
	社会保险登记信息	个人	人
	失业保险信息	个人	事件
	失业人员信息	个人	人
	生育保险信息	个人	事件

续表

单位名称	描述信息	类型	要素
	失业证信息	个人	证件
	台港澳人员在内地就业审批信息	个人	事件
卫生	外国人入境就业许可信息	个人	证件
	医疗保险费用结算	个人	事件
	医疗保险个人账户	个人	人
	医疗保险信息	个人	事件
	养老保险信息	个人	事件
	医疗保险定点服务单位年审信息	政府	事件
	城镇职工基本医疗保险定点医疗机构、药店的核准信息	政府	组织
	医疗保险管理信息	个人	人
	养老保险支付信息	个人	事件
	用人单位社会保险登记	企业	组织
	职工退休退职信息	个人	人
	再就业优惠证信息	个人	事件
	职业技能鉴定机构信息	政府	组织
	职业介绍机构许可信息	政府	事件
	成人教育信息	个人	人
	出生信息	个人	人
	出生医学证明信息	个人	证件
	放射工作人员资格证信息	个人	证件
	放射卫生许可信息	个人	证件
	公共场所卫生许可证信息	企业	证件
	护士执业资格证信息	个人	证件
	继续医学教育证书	个人	证件
	母婴保健技术资质证信息	个人	证件
	生活饮用水卫生许可信息	政府	证件
	食品卫生许可信息	政府	证件
	死亡医学证明信息	个人	证件

续表

单位名称	描述信息	类型	要素
卫生	学会工作信息	企业	证件
	医疗机构执业许可信息	企业	证件
	医疗事故鉴定	个人	证件
	执业医师资格证信息	个人	证件
住建	住建房产历史信息	个人	房
	住建房产信息	个人	房
	房屋产权登记证信息	个人	证件
中燃	中燃欠费信息	企业	财政
	中燃账单信息	企业	财政